Maik Kantorek

AF220051

Kein Anfang
ohne Ende

Wie Veränderung gelingt

Meine Glücks-Chucks

Maik Kantorek

Kein Anfang

ohne Ende

Wie Veränderung gelingt

Bibliografische Information der Deutschen Nationalbibliothek:
Die Deutsche Nationalbibliothek verzeichnet diese Publikation in der
Deutschen Nationalbibliografie.
Detaillierte bibliografische Daten sind im Internet über
http://dnb.dnb.de abrufbar.

Satz, Umschlaggestaltung, Illustration und Lektorat:
Knut Diers, Buenos Diers Media
Fotos: Knut Diers,
außer Titel (www.123RF.com) und Vorwort (privat)
Herstellung und Verlag:

BoD-Books on Demand, Norderstedt

ISBN: 9-783751-958851

Wertschätzendes Vorwort

Jede Veränderung beginnt mit dem ersten Schritt!

Dabei helfen mit Sicherheit auch die „Glücks-Chucks", die Maik Kantorek an der einen wie anderen Stelle im Buch erwähnt sowie mit einem Foto am Anfang des Buches und auf Seite 65 abbildet. Erstaunlich, wie gut erhalten diese Schuhe sind. Denn die Wege, die in diesen Schuhen zurückgelegt wurden, sind alles andere als gepflastert gewesen.

Als Maik Kantorek mich bat, einen Prolog für das vorliegende Buch zu schreiben, konnte ich nur zustimmen. „Dein Buch ‚Kein Anfang ohne Ende' ist wirklich fertig?", fragte ich ihn. Welch' eine Leistung!

Wir kennen uns seit seiner Bachelor-Studienzeit (2010 – 2013) aus Rechtsveranstaltungen im Studiengang der Sozialen Arbeit an der Hochschule Hannover. Ich kann mich nicht mehr genau erinnern, wann er mir persönlich mitteilte, dass er eine Teilleistungsstörung habe, aber ich kann mich im Rückblick an mein eigenes Erstaunen über dieses „Outing" eines erwachsenen Mannes gut erinnern. Gut erinnern auch daran, dass er mir ein Stück weit damit zumindest „ein Auge geöffnet hat". Herzlichen Dank dafür.

Prof.in Dr.in jur.
Heike Dieball
Hochschule Hannover
Fakultät V - Diakonie,
Gesundheit und Soziales

Bedanken möchte ich mich bei ihm aber insbesondere für das kenntnisreiche, kluge, differenzierte, sehr lebensnahe und authentische Mitteilen seiner Lebensgeschichte, die sich zeitweise so spannend wie ein guter Krimi liest und durchgehend von Dynamik geprägt ist. Mit der Schilderung dieser Lebensgeschichte mischt er sich ein, macht sich sichtbar und lässt uns mit schnörkelloser Ehrlichkeit teilhaben an seinen Strategien persönlicher Veränderungsprozesse. Dadurch öffnet er den Lesenden beide Augen für die Problematik, so dass mit großer Bewunderung die Lebensleistung dieses mutigen, kreativen Mannes in den Mittelpunkt rücken kann.

Mut hat Maik Kantorek, indem er seine Lebensschritte immer weiter gegangen ist, bis sich der Weg, den er jahrelang vorausgedacht hat, abzeichnen konnte.

Mut hat Maik Kantorek, indem er sich so verletzlich sowie authentisch in der Komplexität der Inhalte einer Öffentlichkeit preisgibt und die zahlreichen Rückschläge erzählerisch integriert.

Wir Lesenden sind ja nicht unwissend, wenn es darum geht, Stärken und Schwächen miteinander zu kombinieren. Wir fordern Chancengerechtigkeit und setzen uns für Nachteilsausgleiche ein, wir kennen Inhalte der UN-Behindertenrechtskonvention (UN-BRK) und beschäftigen uns mit der Inklusionsthematik im Alltäglichen. Doch Maik Kantorek berührt mit seinen Ausführungen eine zutiefst menschliche Seite. Durch seine Erzählweise lässt er uns schmerzhaft spüren, wie sich Benachteiligung anfühlt, wie sich ein negatives Selbstwertgefühl und psychosomatische Folgeerkrankungen aus einer Teilleistungstörung ergeben, wie späte Diagnosen und fehlende individuelle Förderung Leid verursachen und den Lebensweg prägen.

Blicken wir einmal in den Schulalltag: In Deutschland sind etwa zehn Prozent aller Kinder von einer Legasthenie und/oder Dyskalkulie betroffen. Es besteht ein umfassender Bedarf an anforderungsgerechter Förderung, die mit einer individuellen ausdifferenzierten Diagnose im frühen Kindesalter zielgerecht beginnen könnte. Der Bildungsauftrag integriert das Lesen, das Schreiben und das Rechnen. Doch damit Kinder auch mit Teilleistungsstörungen individuell gefördert werden können, fehlt es an den Rahmenbedingungen zur Erreichung eines begabungsgerechten Bildungsabschlusses, der – nebenbei bemerkt – auch die Persönlichkeit stärkt. Es könnte doch so einfach sein. Doch die Realität ist eine andere. Diese lässt den gesellschaftlichen Input von kreativen, klugen Menschen, die nicht in das oberflächliche Leistungsraster passen, schwerlich zu.

Mit dem Buch motiviert der Autor, gesamtgesellschaftlich seinen „Glücks-Chucks" zu folgen, Mut zu haben, andere Wege zu denken und zu gehen, den ersten Schritt zu wagen.

Ich wünsche Maik Kantorek weiterhin viel Erfolg bei der Erreichung seiner Lebensziele und dem Buch ein interessiertes Publikum.

Prof.in Dr.in jur. Heike Dieball

Hochschule Hannover
Fakultät V - Diakonie, Gesundheit und Soziales
Blumhardtstr. 2 ● 30625 Hannover

im Juli 2020

Inhalt

Prolog

Hannover, 27. August, 2013, 14.29 Uhr: In einer Minute beginnt die allerletzte Etappe einer Reise, die fast genau auf den Tag vor fünf Jahren begonnen hatte. Vor 1825 Tagen war ich 36 Jahre alt und verfügte lediglich über einen Hauptschulabschluss. Heute steht nur noch die mündliche Bachelorprüfung als finale Hürde vor meiner persönlichen Ziellinie. Dazwischen liegen 33 Klausuren, acht mündliche Prüfungen, acht schriftliche Abschlussprüfungen, fünf Präsentationen, vier Hausarbeiten und eine Bachelorarbeit.

Während ich aus dem ersten Stock meinen Blick ziellos über den Campus streifen lasse, denke ich an den Anfang meines Weges im Sommer 2008 zurück. Damals hatte ich für mich das klare Ziel formuliert:

„Ich werde studieren."

Wie die Umsetzung dieser Willensbekundung in der Praxis funktionieren sollte, das war mir zu diesem Zeitpunkt allerdings nicht ersichtlich. Die einzige Konstante in meiner Schulkarriere in den 1980er-Jahren bestand im regelmäßigen Scheitern und Versagen und fand ihren Höhepunkt darin, dass ich die Regelschule 1988 ohne Abschluss hinter mir ließ. Eine ausgeprägte Legasthenie führte dazu, dass ich mich selbst mit Mitte 30 kaum traute, auch nur einen Brief zu schreiben. Kurz gesagt, es gab aus damaliger Sicht keine Fähigkeiten oder Talente, auf die ich bauen konnte. Und doch war er da, dieser kaum in Worte zu kleidende innere Drang nach Veränderung, der mich förmlich zwang loszugehen.

Genauso war es. Ich bin einfach losgegangen. Jetzt stehe ich hier, Raum 5.128, Fakultät V – Diakonie, Gesundheit und Soziales der Hochschule Hannover. In diesem Moment öffnet sich die Tür, meine Erstprüferin ruft mich mit einem Lächeln im Gesicht auf. Mein Herz rast. Noch 45 Minuten, dann schließt sich der Kreis.

Maik Kantorek

Kapitel 1

Entschieden – endlich – wofür?

GEPLAGT VON ZWEIFELN UND KRANKHEITEN GEHT DER
WEG WEITER. ENTSCHEIDUNGEN SIND ZU FÄLLEN,
ABER DIE RICHTIGEN. EIN KLEINER KOMPASS.

Im Leben gibt es viele Bereiche, in dem das Ende eines Abschnittes automatisch auch der Anfang eines neuen ist. Das Ende der Kindergartenzeit ist der Anfang der Schulkarriere. Das Ende der Schulzeit ist der Beginn der beruflichen Ausbildung. Mit dem 18. Geburtstag beginnt die Phase der vollen Verantwortung für sich, und es endet endgültig die Kindheit. Mit dem Ende der Schwangerschaft beginnt die Mutterrolle. Bei all diesen Beispielen sind das Ende und der daraus resultierende Anfang definiert durch Regelungen, Gesetze oder Biologie. Weil wir nicht die Wahl haben, stellen wir uns ganz selbstverständlich den neuen Erfahrungen, Herausforderungen und Veränderungsprozessen. Dort aber, wo der Mensch selbstverantwortlich ein Ende setzen muss, damit ein neuer Anfang entstehen kann, verbleibt dies häufig.

Ein Konglomerat aus Erfahrungen, Ängsten, Verpflichtungen, Abhängigkeiten, Beziehungen, Gewohnheiten und Mustern bildet ein enges Netz, das unser Leben umschließt. Es vermittelt Sicherheit und Kontrolle, aber welcher Art? Haben wir die volle Kontrolle über unser Leben oder kontrollieren wir lediglich unser Leben? Die Angst, das seit Jahren mühsam gesponnene Netz würde sofort reißen, die Angst vor Kontrollverlust, die Angst vor sich selbst – all das führt dazu, dass wir gern unsere subjektive Wahrheit konstruieren. Sie nämlich suggeriert uns: „Alles gut ... weiter so!" Wirklich? Was passiert, wenn Menschen nicht aktiv Enden setzen?

Mein Ende war datiert auf Januar 2008

Ich war am Ende angekommen. Das war mir in diesen Nächten im Januar so bewusst wie nichts vorher in meinen Leben. Heute besitze ich die Erkenntnis, an der es mir damals mangelte. Wenn Menschen nicht selbst Enden setzen, dann setzt sie das Leben. Die zentrale Frage ist, wie lange übersehen wir das Ende, weil wir es in unserer individuellen Lage weder sehen können noch wollen. Der Körper sendet Signale, die wir irgendwann zwar nicht ignorieren können, aber das bedeutet nicht, dass wir sie auch richtig interpretieren. Sieben Jahre habe ich gebraucht, bis ich das Ende sehen und wahrhaft fühlen konnte. Das Grauen hatte sich potenziert über viele Jahre, eine Lawine, die immer größer und größer wurde, bevor sie endgültig begrub, was einmal (m)ein Leben war.

Im Januar 2000 begann mir mein Leben den Atmen zu nehmen, ganz unvermittelt und ohne Vorwarnung. Getarnt als Erkältung kam die Luftnot zu mir und ließ mich nicht mehr los. Eine Zeitlang hatte ich noch die Hoffnung, morgen sei alles wieder gut. Pustekuchen. Nach vier bis fünf Wochen glaubte ich nicht mehr an eine normale Erkältung oder daran, dass plötzlich alles wieder alles gut werde. Langsam krochen Angst, Panik und Verzweiflung in mir hoch. Dass mein Hausarzt meine persönliche Wahrnehmung nicht ernst nahm, sondern weiterhin alles für eine „normale" Erkältung hielt, verstärkte meine Unsicherheit. Der Horror ging immer weiter, statt besser wurde alles schlimmer, Atemnot in der Nacht, Notarzt, Notfallspritze. Die Abstände der nächtlichen Attacken wurden immer kürzer, ein neuer Rhythmus prägte mein Dasein. Luftnot, Notarzt, Kortison – Luftnot, Notarzt, Kortison – Luftnot, Notarzt, Kortison.

Ich merkte meist schon gegen 20 Uhr, wie die Nacht enden würde. Die Luft wurde dünner, der Herzschlag schneller. Meine Frau half mir, mich abzulenken und empfahl mir, mich schlafen zu legen. Dann so zwischen 1 und 3 Uhr ging nichts mehr außer der Notruf. Ein Albtraum, der erst vor meinem geistigen Auge ablief und dann wieder und wieder Realität wurde. Panik, Angst und Verzweiflung als tägliche Dosis entsprangen aus meiner totalen Hilflosigkeit gegenüber der Situation. Keine Kontrolle, ich konnte es nicht abstellen, mein Hausarzt auch nicht, und die Erinnerung an ein Leben ohne hilflose Verzweiflung war noch nah und doch nicht erreichbar. Irgendwann empfahl mir eine Notärztin, einen Lungenfacharzt aufzusuchen, was ich auch am nächsten Morgen tat. Übermüdet und kraftlos saß ich in der Praxis. Die mir fremden Untersuchungen machten mir Angst. In so einer Situation hofft man eigentlich, dass der Arzt nichts findet. Ich hingegen dachte, hoffentlich stellt jemand endlich eine Diagnose!

Dann die Diagnose ...

Und in der Tat bekamen meine Qualen einen Namen – allergisches Asthma. Die Ärztin war die erste Person in den letzten Wochen, die mich und meinen Horror ernst nahm. Wieso? Warum? Diese Fragen konnte sie mir auch nicht beantwortet, die Frage, wie es jetzt weitergeht, schon. Für eine kurze Zeit kehrte etwas Entspannung und Ruhe in meinen Alltag. Ich war medikamentös eingestellt, hatten ein Spray gegen die Entzündung meiner Bronchien und ein Notfallspray, das mir die nächtlichen Besuche von Medizinern ersparte. Doch der nächste Rhythmuswechsel ließ nicht lange auf sich warten. Der neue Takt meines Lebens war Atemwegsinfekt, Luftnot, Antibiotika – Atemwegsinfekt, Luftnot, Antibiotika – Panik, Hilflosigkeit und Verzweiflung. Jeder Infekt bedeutete Atemnot. Das Notfallspray blieb in diesen Akut-Situationen ohne Wirkung. Nur die Gabe von Antibiotika half in diesen Phasen. Die Abstände wurden schnell kürzer mit der Konsequenz, dass irgendwann nicht mehr jedes Antibiotikum wirkte. So etwas wie Leben hatte ich nur in den kurzen Zeiträumen zwischen den Infektionen. Dann war Platz für grundsätzliche Gedanken. Wie schädlich ist es, so viel Antibiotika zu konsumieren? Was mach' ich, wenn keines mehr anschlägt?

Die sich ständig wiederholende Verlaufsform demoralisierte mich einerseits und manifestierte anderseits ein existentielles Angstgefühl. Der Moment, in dem ich das erste Kratzen im Hals realisierte, war der Trigger für meinen emotionalen Ausnahmezustand. Die einzelnen Verlaufsphasen bis hin zur Luftnot konnte ich irgendwann präzise voraussagen. Das Drama bestand darin, dem Lauf der „Dinge" ausgeliefert zu seien. Auch die Lungenfachärztin stellte fest, dass ich in den Phasen ohne akute Atemwegserkrankung stabil war und jedes Mal der akute Infekt dazu führte, dass meine Medikamente versagten. Sie konnte aber nicht deuten, warum dies so war. Beständig veränderte sich der Rhythmus meiner gesundheitlichen Beschwerden. Ab 2004 gesellten sich Magenschmerzen zu den bestehenden Beschwerden hinzu. Die Magenprobleme hatten in ihrer Entwicklung große Parallelen zu den Infekten. Schnell wurden die Abstände kürzer und Medikamente, die zunächst noch effektiv waren, blieben wirkungslos. Darüber hinaus potenzierten sich die Beschwerden, es entstanden Allergien gegen diverse Lebensmittel. Der neue Rhythmus lautete Magenprobleme, Schmerzmedikamente, kurze Ruhephase, Infekt, Luftnot, Antibiotika, und dann ging es wieder von vorne los.

Wie ein stummer Schrei in der Nacht

Mit jedem Rhythmuswechsel wurden die Phasen, in denen so etwas wie „normales" Leben stand, kleiner, bis schließlich nichts mehr übrig blieb. Schmerz und Leid waren so dominant und dauerhaft präsent geworden, dass sie keinen Platz mehr ließen für einen unbeschwerten Moment, ein Luftholen, Kraftschöpfen oder Entspannung. Die vergangenen Jahre rannte ich von Arzt zu Arzt, quälte mich durch jeden verfluchten Tag, getrieben von der Hoffnung auf einen Lichtblick, etwas, an dem ich mich hätte festhalten und aufrichten können. Nur ein kleiner Funke, der die Chance auf ein Stück Lebensqualität suggeriert, hätte mir gereicht. Nichts, absolut nichts. Es war in all den Jahren nur schlimmer geworden. So lag ich da im Januar 2008 auf dem Bett, wälzte mich von rechts nach links vor Schmerzen, mein Lebensraum war reduziert auf ein Bett. Mein Leben lief direkt vor meinen Augen an mir vorbei. Ich war degradiert zum Zuschauer. Meine Frau und meine Kinder gingen durch den Flur hinaus ins Leben, ein

Leben, an dem ich schon lange nicht mehr teilnehmen konnte. Der emotionale Dauerkreislauf aus, Panik, Verzweiflung, Angst und Hoffnungslosigkeit hatte mich nachhaltig verändert, ich war ein physisches und psychisches Wrack – eine leere Hülle, die langsam vor sich hin vegetierte. Wie weit kann man von sich selbst entfernt sein? Wie verunsichert und verzweifelt kann die Basis eines Menschen sein? Ist das noch ein Leben? Diese Fragen stellte ich mir in diesen Nächten immer wieder und wieder. Nachts, wenn alles dunkel und still war, kreisten mir die Gedanken durch den Kopf. Nach vielen Nächten war ganz klar: Ich hatte nicht mehr die Kraft, das alles zu ertragen. Diese Schmerzen, das Gefühl zu ersticken, die vielen Arztbesuche, nicht aktiv zu leben – in meinem Kopf kreiste nur das Wort „nein" wie ein stummer Schrei in der Nacht.

Welche Möglichkeiten hatte ich? Aufgeben und aus dem Leben scheiden? Ich wollte doch genau das Gegenteil, nämlich ein lebenswertes Leben. Ich gab mir eine letzte Chance, nach all den Jahren mit null Verbesserung durch Schulmedizin wollte ich mich an einen Heilpraktiker wenden. Woher ich die Kraft dafür nehmen sollte, wusste ich nicht. Aber diesen einen Versuch wollte ich unbedingt noch starten. Wie würde es weitergehen, wenn auch das nicht hilft? Den Gedanken verdrängte ich schnell. Alles Homöopathische war mir damals komplett fremd. Ich hatte keinen Bezug dazu. Und noch etwas entschied ich in dieser Nacht: Wenn ich jetzt alles auf den Kopf stelle, dann wirklich alles, also auch beruflich. Und so entschied ich mich dazu, im Alter von 36 Jahren noch einmal zur Schule zu gehen. Für mich war das damals ein Nebenprodukt, weil die Krankheiten im Fokus standen. Dass diese Entscheidung aber ganz zentral mit meinem bisherigen Leidensweg zu tun hatte, ahnte ich nicht einmal im Ansatz. In dieser Nacht kreierte ich das, was ich in all den Jahren bei den verschiedenen Ärzten gesucht hatte: die Hoffnung auf eine Zukunft.

Körpersignale im richtigen Kontext

Wenn Menschen nicht aktiv und ganz bewusst anfangen, bestimmte Themen in ihrem Leben zu bearbeiten, dann rutschen diese Themen unbearbeitet in die Tiefe. Dort wühlen sie aber weiter und kommen irgendwann wieder ans Tageslicht. Ich muss also einen Entwicklungsprozess, egal in welchem Lebensbereich, egal auf welche Ebene, in Gang setzen. Die Signale, die der Körper uns sendet, in den richtigen Kontext zu setzen, das ist der Schlüssel.

Mir war damals jedoch noch gar nichts bewusst, keine Zusammenhänge, keine Hintergründe, kein Problembewusstsein. Das einzige, was ich irgendwann in seiner Totalität emotional und intellektuell verstanden hatte, war, dass ich mein persönliches Ende erreicht hatte. Aber zunächst gab es nur die isolierte Erkenntnis und den daraus resultierenden Impuls: Ich muss jetzt etwas verändern! Ohne weitergehende Erkenntnis, ohne Verständnis für die Komplexität der Themen oder für den Zusammenhang zwischen meiner Vergangenheit und Gegenwart begann ich also. Als ich mich in dieser Nacht gedanklich auf den Weg machte, war um mich schwarze Nacht. Mit jedem Schritt in den nächsten fünf Jahre wurde es langsam heller. Irgendwann konnte ich mein Gesamtbild erfassen und war in der Lage, alles zu analysieren.

Mein Lebensweg – Veränderung möglich

Anhand meiner Lebensgeschichte werde ich hier exemplarisch klar und konkret aufzeigen, wie jeder sein Leben in ein anderes verwandeln kann. Auf Grundlage meiner persönlichen Story werde ich in diesem Buch analysieren, welche Thematiken zentral sind für jeden Veränderungsprozess und mit welchen Perspektiven, Strategien und Mindsets sich Veränderungsprozesse erfolgreich bewältigen lassen. Das Thema Krankheit ist ein Baustein dabei. Ich zähle dazu jede Form von Erkrankungen, auch Suchterkrankungen wie Spielsucht, Mediensucht oder auch Kaufsucht. Wenn Sie an einer oder mehreren Krankheiten leiden, die chronisch sind, die Sie schon lange begleiten oder immer wieder episodisch auftreten und die trotz medizinischer Behandlung nicht besser werden, dann wechseln Sie bewusst die Perspektive.

Ich bin damals einfach losgegangen und habe begonnen, meine (gesundheitlichen) Probleme zu bearbeiten, ohne wirklich zu verstehen, welche Themen dahinterstecken. Sich die Hintergründe bewusst zu machen, beschleunigt den Bearbeitungsprozess und bietet eine Form der Orientierung. Der Perspektivwechsel in Bezug auf Krankheit ist die Art der Fragestellung. Es gibt psychische Einflüsse auf die körperlichen Vorgänge. Oft liegen psychosomatische Hintergründe einer Erkrankungen zugrunde. Finden Sie Ihren persönlichen Zugang zu dieser Fragestellung, egal ob Sie eine schulmedizinische, alternative oder esoterische Perspektive bevorzugen. Es geht erst einmal nur darum, einen anderen Blickwinkel einzunehmen. Lassen Sie sich Zeit, gehen Sie in sich, erkennen Sie darin Ihre Lebenssituation wieder!

Bevor es richtig losgeht, hier exemplarisch ein paar Anmerkungen zu den psychosomatischen Motiven hinter meinen damaligen Erkrankungen.

Allergisches Asthma:

- Ich bin nahezu nicht. Ich kann nicht hier sein, ich kann nicht leben.
- Angst vor mir selbst.
- Machtlose Wut, weil ich mich selbst nicht finde, ich misstraue mir, wage es nicht, meinen Lebensraum voll auszuschöpfen.

Magen:

- Ich vertraue mir nicht.
- Ich halte an Erfahrungen fest.
- Mir ist alles zu viel.

Lebensmittelallergie:

- Ich lebe wie ein kraftloses Opfer.
- Ich bin allergisch in Bezug auf mich selbst.

Welche Themen rauben einem Menschen im wahrsten Sinne des Wortes seinen Atmen? Menschen investieren viel Zeit und Geld in die Bereiche Körper und Gesundheit. Ob Yoga, Qi Gong, richtig atmen, bewusst atmen, Rückenschule oder Stressbewältigung, alles ist vertreten. Und das hat auch alles seine Berechtigung, allein schon, weil es immer gut ist, sich bewusst und aktiv mit sich zu beschäftigen. Aber das alles kann die Bearbeitung unserer individuellen Probleme nicht ersetzen. Vergleichsbild: ein frisch gestrichenes Haus mit renovierten (schicken) Räumen, aber im Keller steht das Wasser schon einen Meter hoch.

Damals hatte ich diese Perspektive (leider) noch nicht, und es dauerte noch Jahre, bis ich mental dort angelangt war. Warum verdrängen wir zentrale Themen in unserem Leben? Auf die persönlichen Hintergründe zu schauen, ist nicht einfach. Es erfordert Mut, Kraft und Willen. Schließlich sind es Themen, die in uns Ängste und Emotionen auslösen – bewusst oder unterbewusst. Oft glauben wir, dass wir sie nicht ertragen können, zu schwach sind, oder dass sie uns existentiell bedrohen. Aber mit Erkrankungen zu leben, die individuellen Einschränken zu erdulden, das erfordert auch Mut und Kraft. Sowohl die Bearbeitung von Lebensthemen als auch deren Verdrängung fordert von uns viele Ressourcen, Energie und Willen. Wenn Sie nachhaltig Ihr Leben erfolgreich verändern wollen, werden Sie diesen Themenkomplex nicht ignorieren können. Dafür benötigen Sie Unterstützung. Es gibt sehr viele unterschiedliche Angebote. Da wissen Sie selbst am besten, welcher Zugang Ihnen entspricht. Ob Psychologe oder Heilpraktiker, ob Psychotherapie, ob Selbsthilfegruppe oder Familienaufstellung – alles ist denkbar.

Ich bin meine Lösung

So wichtig (fachliche) Unterstützung ist, eines ist glasklar: Das zentrale Element zur Lösung der Themen sind Sie! Den Schlüssel für die Veränderung finden Sie nicht außerhalb sondern in sich. Dafür müssen Sie wieder die Verantwortung für sich und Ihre Lebensthemen übernehmen wollen. Diese Verantwortlichkeit lässt sich nicht auslagern wie eine Dienstleistung. Die Idee „ich suche jemanden auf, und der soll mich heilen, meine Probleme lösen" wird nicht funktionieren. Die Themen, die wir nicht bearbeiten und denen wir uns nicht stellen, kann niemand anderes für uns klären. Das können nur wir. Und der erste Schritt dahin ist die Erkenntnis, dass es diese Themen gibt.

Kapitel 2

Selbstzweifel
überwinden – aber wie?

SCHEITERN GEHÖRT ZUM LEBEN. ABER WIE KANN ICH ES VERHINDERN? WELCHE KLEINEN DINGE EINEN AUS DER FASSUNG BRINGEN, UND WIE AUCH DAS ZU BESEITIGEN IST.

Jetzt geht's los. Mein Veränderungsdrang, dieses Gefühl „genau jetzt, in dieser Sekunde" war allmächtig. Allerdings: Die Anmeldung für den Kurs war auf Anfang Mai terminiert, der Start des Schuljahres auf Ende August. Ich fühlte mich wie ein 100-Meter-Läufer, der im Startblock kauert, also voller Tatendrang und voller Emotionen dem Startschuss entgegenfieberte. Nur dauerte diese Phase bei mir nicht Sekunden, sondern Monate. Die Gedanken kreisten bereits so intensiv um das Thema zweiter Bildungsweg, dass mein Tatendrang kanalisiert werden musste. Ich lernte aus Verzweiflung schon einmal unregelmäßige Verben in Englisch auswendig und kaufte ein Mathematikbuch, das ich nicht verstand.

An die Homöopathie herangepirscht

Dass ich darüber hinaus keine Vorstellung davon hatte, was konkret auf mich zukommen wird, verschlimmerte die innere Verunsicherung. Und natürlich fragte ich mich immer wieder, wie ich meine Ziele bloß schaffen soll. Dass ich nicht komplett in Panik geriet, lag nur an meinem schlechten Gesundheitszustand. Ich verbrachte viel Zeit in einer Naturheilkundepraxis. Es wirkte alles irgendwie surreal. Jetzt saß ich beim Heilpraktiker. Dabei hatte ich mich immer über meine Mutter amüsiert, die reflexartig und hektisch nach Arnica-Globuli suchte, wenn ihr Kind gestürzt war. Unwirklich wirkte das gesamte Setting hier in der Praxis auf mich. Die Auswahl an Lesestoff im Wartebereich beschränkte sich auf vier Ausgaben des Geo-Magazins. Ich fühlte mich unwohl und rutschte nervös auf meinem Stuhl hin und her. Der Widerstand in mir gegenüber Homöopathie war so groß, dass ich sogar erst einmal einen Termin für meinen Sohn vereinbart hatte, damit mir meine Frau, die mit ihm dorthin ging, berichten konnte, wie es da zugeht. Sie berichtete mir dann alles, angefangen bei der Atmosphäre über die Herangehensweise und die Ansätze. Alles war ganz anders, als wir es gewohnt waren. Aber meine Einschätzung war klar: Probiere es einfach aus und lass dich darauf ein. Was hast du noch zu verlieren?

Während der Wartezeit wurden die Zweifel in mir aber größer. Letztlich gab es zwei Gründe, die mich hinderten, auf mein Bauchgefühl zu hören und die Praxis noch vor dem ersten Termin gleich wieder zu verlassen. Erstens hatte ich für mich ja diesen Weg als letzte Chance definiert. Während sich meine Magenprobleme durch Behandlung deutlich verbesserten und ich mich unter anderem wieder normal ernähren konnte, blieben mir die ständigen Atemwegsinfekte und Antibiotikagaben erhalten. Obwohl es in einzelnen Bereichen meiner Gesundheit positive Entwicklungen gab, war ich letztlich noch immer ein kranker Mann, dessen Ressourcen und Kräfte von den Erkrankungen aufgezehrt wurden. Und so hatten die Krankheitsphasen wenigsten etwas Positives, immer wenn ich gedanklich bezüglich der Schule ins Zweifeln geriet, forderten die Infekte meine volle Aufmerksamkeit. Die Zweifel mussten warten.

Zweitens kannte ich eine Person, der dieser Heilpraktiker vor einigen Jahren wirkungsvoll und nachhaltig geholfen hatte. Dass ich nun meine Magenprobleme in den Griff bekam und sogar Lebensmittelallergien wieder „verschwanden", war ein großer Erfolg der Behandlung. Gerade vor dem Hintergrund, dass in den vergangenen Jahren trotz aller Kämpfe und Bemühungen im Bereich Gesundheit alles immer nur schlimmer geworden war, kam nun ein klein wenig Freude auf. Die Erkenntnis gab mir einen kleinen „Krümel" von Kontrolle wieder. „Dinge", die unveränderbar scheinen, lassen sich doch verändern. Dass trotz so einer großen Veränderung meine Gesundheit durch die nach wie vor häufigen Atemwegsinfekte ein Katastrophengebiet blieb, war für mich allerdings absolut tragisch. Aber jetzt stand es sozusagen im Spiel Gesundheit versus Krankheit wenigstens 1:1 statt 0:2. Aktuell wusste ich zwar nicht, wie ich aus dem Unentschieden einen Sieg machen konnte, aber ich hoffte und ahnte: Meine Reise ist noch nicht beendet. Später mehr dazu.

30 Wörter und 40 Fehler

Und dann war er da, der 25. August 2008, der erste Schultag. Ich hatte die Nacht kaum geschlafen und war wahrscheinlich aufgeregter als vor meiner Einschulung 1979. Mit jeder Minute wurde ich nervöser und ängstlicher. Ich schaffte es genau durch die erste Glastür, dann blieb ich wie gelähmt vor der Tür „Sekretariat" stehen. Ich traute mich nicht zu klopfen oder mich umzuschauen, stur starrte ich auf die Tür. Mit jeder Sekunde schlug mein Herz schneller. Der Fluchtimpuls wurde intensiver. Die emotionale Ebene schrie heftig nach Flucht. Mein Verstand zwang mich zu bleiben. Aus dieser Situation befreite mich nach einer gefühlten Ewigkeit ein Ruf von weit hinten aus dem Flur, ob ich zum Realschulkurs wolle. Schnellen Schrittes folgte ich dem Dozenten in den Klassenraum und nahm auf dem letzten freien Stuhl Platz.

Als ich mich zaghaft umschaute, stellte ich fest, dass die anderen alle so jung aussahen. Sie hatte der erste Bildungsweg gerade erst ausgespuckt. Auf ein, zwei Mitschüler meiner Altersklasse von 36 Jahren hatte ich gehofft. Nun war ich also definitiv der Opa im Kurs. Am ersten Tag gab es alle Informationen. Dazu gehörte auch, welchen Notendurchschnitt man für welchen Abschluss braucht und wie sich die Noten zusammensetzen. Jeder Gedanke drehte sich auf dem 40-minütigen Fußweg nach Hause. Der Bus fuhr nur einmal in der Stunde, und ich hatte weder Fahrrad noch Führerschein. Diesen Weg ging ich in den nächsten Monaten regelmäßig, teilweise zweimal. Ich nutzte die 40 Minuten stets auf die gleiche Weise. Alle aktuellen Fragestellungen wälzte ich hin und her. Es war die Möglichkeit, in mich zu gehen und innere Dialoge mit mir zu suchen. Die Strecke zwischen Seelze und Garbsen wurde mein Pilgerweg. Im wahrsten Sinne des Wortes machte ich mich auf den Weg. Gedanklich fokussiert ging ich ihn wie in Trance. Fach für Fach ging ich gedanklich durch. Welche Note ich, nach meinen Erfahrungen, bestenfalls erreichen konnte, stellte ich mir vor. Wie sollte ich die Zensuren für den erweiterten Abschluss schaffen? Unmöglich! In Deutsch – ganz klar – geht nicht mehr als eine Vier, wenn überhaupt.

Meine Schulzeit war bestimmt von meiner Legasthenie. In der ersten Klasse war noch alles normal. In der zweiten Klasse hatte ich dann plötzlich in einem Diktat mit 30 Wörter 40 Fehler. Jedenfalls war das Blatt von der Korrekturfarbe rot durchtränkt. Ab diesem Zeitpunkt war dies mein frustrierender (Schul)-Alltag – Tag für Tag, Klassenarbeit für Klassenarbeit, Jahr für Jahr. Hinzu kam, dass ich eine grafomotorische Störung in der Hand hatte. Konkret bedeutet dies: Meine Schrift war nicht gut zu lesen. Vor allem schmerzte meine Hand nach wenigen Minuten so sehr, dass ich sehr langsam schrieb. Wie sollte ich in Deutsch bei diesen Voraussetzungen mehr als eine Vier bekommen? Das war schon optimistisch gerechnet.

In der Abschlussklausur gab es ohnehin bei zu vielen Rechtschreibfehlern eine Note Abzug. Ich musste also in einem der anderen beiden Hauptfächer zum Ausgleich mindestens eine Zwei schaffen. Das war unrealistisch. Weil meine Rechtschreibung desaströs blieb, egal was ich tat, gab ich irgendwann einfach auf – das Schreiben, die Schule und letztlich auch mich. Ich besuchte das Gebäude, nicht die Schule. Selbst das stellte ich später ein und schwänzte ab der 7. Klasse „professionell" die Schule.

Mein persönliches Defizitverfahren

Es gab aus meiner Schullaufbahn nichts, aus dem ich schöpfen konnte wie Fähigkeiten, Talente, Erfolge, Wissen, Selbstverständnis. Es gab nur Defizite, Behinderungen und Scheitern.

Die Zweifel in mir wurden mit jedem Schritt größer. Wie ich es theoretisch in meinen Kopf drehte, ein Schnitt von 3,0 in den Hauptfächern war nicht vorstellbar, höchstens durch ein Wunder. Und das war ja nur der erste Schritt bis zum Studium. Wille und Zweifel, Gas geben und gleichzeitig bremsen, diese ambivalenten Gedanken und Emotionen erzeugten einen kaum steigerbaren inneren Druck. Die Gespaltenheit meiner Empfindungen zeigte sich darüber hinaus in Bezug auf das Erreichen des erweiterten Realschulabschlusses, also dem Zwischenziel. Deutlich wurde dies an einer Aufgabenstellung des Deutsch-Dozenten. Zu Beginn der zweiten Woche sollten wir uns den Abschlusstag vorstellen und aufschreiben, was wir an diesem Tag denken und fühlen werden. Er sammelte die Zettel ein und gab sie uns am Abschlusstag zurück, also direkt, bevor die mündlichen Prüfungen begannen. Auf meinem stand:

01.09.2008

Ich werde mir anschauen, welchen Notendurchschnitt ich habe. Danach werde ich einen Schluck Wasser trinken und durchatmen. Des Weiteren werde ich genießen, dass nun ein Weg beendet ist. Ich freue mich für alle Mitschüler, die ihr Ziel erreicht haben. Ich werde niemanden benachrichtigen, weil keiner was weiß. Ich werde mich nicht freuen, weil ich lediglich eine Rechnung mit mir selber beglichen habe.

Meine zentrale Emotion war extreme Anspannung. Wie ein zu fest gespanntes Gummi, das sekündlich zu reißen droht, umgab es mein Leben. Die Angst zu scheitern, bekam schnell Nahrung. In Englisch, Mathe und Physik verstand ich im Unterricht nichts. Obwohl ich mich wirklich bemühte, konnte ich nicht folgen. So war jede Unterrichtsstunde ein persönlicher Stress- und Frusttest. Schule und die damit verbundenen Inhalte waren zu lange her, fast 20 Jahre, und die Erbinformationen hinsichtlich Frontalunterrichts waren anscheinend in meiner DNA nicht enthalten. Hinzu kam eine gewisse Beklommenheit, weil die aktuellen Gefühle „ich passe nicht ins Norm-System" sehr dicht an denen waren, die meine Schulzeit geprägt hatten. In Biologie konnte ich zwar gut folgen, aber die vom Lehrer gewählte Form der Lernkontrolle löste Panik in mir aus. Lückentext führte bei mir zu einer explizierten Sperre im Kopf. Einen Text frei zu einem Themen zu schreiben, das wäre kein Problem gewesen. Aber Lückentext und mein Gehirn – das ging nicht zusammen. Das machte mich mit jedem neuen Lückentext wütender auf mich selbst, denn für alle anderen war diese Form kein Problem. Warum kann ich nicht das, was alle können?

Meine Schrift war nur zu erahnen

Mühsam musste ich die Inhalte zu Hause nacharbeiten, auf meine eigene Art und Weise. Wenn ich mir die Inhalte der vergangenen Stunde erarbeitet hatte, war ich mit Beginn der nächsten Stunde schon wieder im Rückstand. Dazu gesellten sich dann noch die Rechtschreib- und grafomotorischen Probleme. Die standardisierten Zeilen in Arbeitsblättern und Formularen und meine sehr große Schrift waren nicht zu vereinbaren. Meine Schrift war mehr zu erahnen als zu lesen, als ob ich mein eigenes Datenverschlüsselungssystem hätte. Ein Setting, aus dem man Motivation und Kraft ziehen kann, sieht anders aus.

Wenn man auf allen Ebenen nicht kompatibel zum gesellschaftlichen Lern- und Arbeitsstandard ist, hat man dann überhaupt eine Chance? Wenn man jahrelang einen Themenkomplex verdrängt, dann gibt es bei einer plötzlichen neuen Betrachtung natürlich erst einmal keine anderen Erkenntnisse. Dieser Umstand macht eine erneute Flucht attraktiv, doch mein ausgeprägter Veränderungswille übernahm eine Art Türsteherfunktion und sagte mir immer wieder: „Du kommst hier nicht raus!" Sofortige Flucht war also keine reale Option, was bedeutete, dass ich mich dem Gedanken zu scheitern in seiner totalen Konsequenz stellen musste. Ich fühlte mich wie ein Nichtschwimmer, der ganz bewusst ins offene Meer springt und doch hofft, nicht zu ertrinken.

Dann standen sie vor der Tür, die ersten Klausuren in Englisch, Mathe, Biologie und Deutsch innerhalb weniger Tage. Ein Schauspiel in vier Akten, jeder einzelne ein exklusives Drama, aber das ahnte ich noch nicht. Ich stand so unter Adrenalin, war gereizt und kein Geschenk für meine Umwelt. Acht Monate lang hatte ich darauf gewartet, dass ich starten konnte. Jetzt würde sich in den nächsten Tagen zeigen, ob die Hoffnung auf eine Zukunft, die ich in meinem Kopf entworfen hatte, eine wirkliche Chance auf Umsetzung hatte. Dass sich in mir mehr Anspannung und Druck aufgebaut hatte, als ich händeln konnte, war mir bewusst. Ich hatte nur leider keinen wirklichen Ansatz für mich, dies zu bearbeiten. Natürlich hatte ich den zurückliegenden Tagen (ungefragt) Tipps erhalten. Ich solle mal Yoga ausprobieren oder versuchen, bewusst zu atmen. Ich war froh, wenn ich überhaupt ohne Einschränkungen atmen konnte. Genau das wäre die zweite Angstebene in mir: Was ist, wenn ich jetzt krank werde? Die ständigen Atemwegsinfekte waren weiterhin eine konstante Bedrohung. So viele Themen, Fragen und Formen von Ängsten führten zu einen Dauerkarussell im Kopf, und ich hatte kein Ventil zum Druckablassen. Im Gegenteil: Ich selbst erhöhte den Druck, indem ich mir sagte, wenn ich in den drei Hauptfächern zwei Fünfen oder schlechter schreibe, melde ich mich direkt ab.

Mir war bewusst, dass diese Klausuren nur der Einstieg waren und das Niveau im Laufe des Jahres noch deutlich anziehen würde. Der Weg zur Schule fühlte sich an diesen Tagen an wie der Weg zu meiner eigenen Hinrichtung. Der Emotionscocktail puschte mich dann durch die Englisch-Klausur. Ich schrieb sie wie im Rausch. Ich hätte kotzen, heulen, schreien können, und doch konnte ich sie irgendwie bearbeiten. Es hatte zwar mehr von einem Ratespiel ohne 50/50-Joker, aber zumindest hatte ich alles bearbeitet. Ich hatte so viele Panik-Szenarien in meinen Kopf, aber das, was direkt vor der Mathe-Klausur passierte, war selbst für meine Panikzentrale zu fiktiv.

Nicht mit meinem Taschenrechner!

Vor der Arbeit lag noch eine große Pause. Ich bereitete meinen Tisch schon mal mit allen wichtigen Arbeitsmaterialien vor. Ich war zu nervös, um einfach still dazusitzen und ging frische Luft schnappen. Als ich den Klassenraum zwei Minuten vor Beginn der Stunde wieder betrat, traute ich meinen Augen nicht: Meine Sitznachbarin und ein anderer Mitschüler benutzten meinen Taschenrechner. Ich fragte: „Was soll das?" Die Antwort: „Wir rechnen nur eine Probeaufgabe." Ich wurde lauter: „Da liegt doch dein Taschenrechner, was soll das?" Ich bekam keine weitere Antwort, da der Mathelehrer in diesem Moment den Raum betrat.

Während der Dozent die Klausur verteilte, bemerkte ich, dass die Funktionen in meinen Taschenrechner verstellt waren. Nein, nein! Kurz machte sich Verzweiflung in mir breit, die schnell in totale Wut umschlug. Den ganzen Tagen war es mir gelungen, die unglaublichen Emotionen gerade noch im Zaun halten, jetzt war der Moment gekommen, in dem es aus mir herausbrach. „Hurrikan Maik" schrie die beiden an und machte ihnen Vorhaltungen. Für mich war jetzt alles aus. Wie sollte ich die Klausur ohne Taschenrechner bearbeiten? Unmöglich!

Jetzt ist alles zu Ende, wegen ein paar Arschlöchern, die zu faul waren, ihren eigenen Taschenrechner zu benutzen. Ich war fassungslos und wenn der Dozent mir nicht plötzlich seinen Taschenrechner angeboten hätte, wäre ich wohl aus der Situation heraus einfach gegangen. Fokus und Konzentration konnte ich nicht mehr aufbauen und quälte mich innerlich fluchend durch die Rechenaufgaben.

Am Abend zu Hause legte ich drei Dinge fest:

1. Ich werde nie wieder in eine Situation kommen, in der jemand Einfluss auf meine Leistung nehmen kann.

2. Ab sofort habe ich bei jeder Mathe-Klausur drei Taschenrechner dabei.

3. Eine langfristige Strategie mit dem Druck umzugehen. Oder anders gesagt: Ich habe erkannt, dass ich mich in Verpflichtung gegenüber meinem Ziel auf allen Ebenen professionalisieren muss.

Zum Ärgern blieb keine Zeit, denn die Deutschklausur stand an, meine ganz persönliche Herausforderung. Diesmal waren es nicht die geforderten Inhalte, die mir Sorgen machten, sondern meine persönlichen Einschränkungen, die mich an meine Grenzen brachten. Ich haderte mit meinem Schicksal. Hätte nicht eine Einschränkung gereicht? Ich leide aber unter Legasthenie und grafomotorischer Störung gleichzeitig. Diese Kombination macht mich zum ultimativen Nichtschreiber. Da sitze ich also, der Opa der Klasse, bewaffnet mit einem hellblauen Schreiblernstift für Grundschüler. Es ist der einzige, mit dem ich wirklich schreiben kann. Ich war bereit dazu, ein Kunstwerk aus überdimensionalen Buchstaben und Rechtschreibfehlern in epischer Langsamkeit und originaler Lesbarkeit zu verfassen. Diese Interpretationsaufgabe, die nun vor mir lag, war ein K(r)ampf.

Nach einer Seite Text verkrampfte die rechte Hand komplett. Dabei besteht eine Seite von mir aus wenigen Sätzen, wenn eine normale Hand in Arial-12-Größe schreibt, so ist meine Handschrift Arial 36. In immer kleiner werdenden Abständen schüttelte ich meine Hand, so stark waren die Schmerzen. Es fühlte sich nicht wie Schreiben an, eher als ob ich mit einem Taschenmesser die Buchstaben in den Tisch ritzte.

Inzwischen hatten alle anderen ihre Arbeit abgegeben, nur ich und der Lehrer waren noch übrig. Die Krämpfe wurden schlimmer, wie der letzte Marathonläufer auf der Strecke, der versucht die Ziellinie zu erreichen, bevor die Abbauarbeiten beginnen, so fühlte ich mich in diesen Minuten. Nachdem diese Klausur dann endlich vollbracht war, spürte ich eine endlose Leere und wollte nur noch ins Bett und mich unter meiner Decke verstecken. Sich mit den eigenen Unzulänglichkeiten zu konfrontieren, ist die Impression einer epochalen Niederlage.

Der Stress forderte seinen körperlichen Tribut, ich bekam Fieber. Mein Körper gab mir 39,6 Gründe für eine Pause, aber ich war nicht in der Lage, mir diese Auszeit zuzugestehen. Ich fuhr zu der folgenden Klausur mit dem Taxi zur Schule, weil ich mich kaum auf den Beinen halten konnte. Mir brannten die Augen, es fiel mir schwer, die Aufgabenstellungen zu lesen. Während der Beantwortung sackte ich fortwährend in einen Sekundenschlaf, inzwischen sah ich es ein, dass es nicht die beste Idee war, das Krankenbett zu verlassen. Wie ich die Klausur vollendet hatte, auf welche Weise ich nach Hause gekommen war, an all das konnte ich mich am Abend nicht erinnern.

Jetzt, nachdem alle vier Klassenarbeiten absolviert waren, ging ich alles Aufgabe für Aufgabe im Geiste durch. Was hatte ich wohl richtig gemacht, was nicht? Welche Note könnte es jeweils werden? Ich ging vom Schlimmsten aus. In den Nächten quälten mich nun ständig Albträume, die sich immer wieder darum drehten, dass ich diese oder jene Klausur nicht bestanden hatte.

Nach all den Albträumen wollte ich die Klausuren wiederhaben, auch wenn die Angst groß war, aber dann hätte ich Klarheit. Wie ich dann allerdings emotional mit einem Scheitern umgehen konnte, war mir unvorstellbar, also klammerte ich mich an den Volksmund „die Hoffnung stirbt zuletzt".

Klausuren-Rückgabe: Inneres Drama läuft

Als Erstes bekamen wir die Englischklausur wieder. Den ganzen Tag über hatte ich eine seltsam anmutende Ruhe in mir. Der Druck übernahm erst wieder die Herrschaft, als der Lehrer den Notenspiegel an die Tafel schrieb. Vier Zweien, kaum Dreien, dafür jede Menge Vieren, Fünfen und Sechsen. Mein Blutdruck legte einen spontanen Kickstart hin. Ich spürte das Blut förmlich durch die Halsschlagader rasen. Mir wurde heiß. Ich sah mich direkt beim ersten Versuch, Leistung zu erbringen, kläglich scheitern. Es gab nur noch einen Gedanken in meinem Kopf: Bitte lass es wenigstens eine Vier sein. Als meine Sitznachbarin, die im Unterricht im Gegensatz zu mir gut dabei war, nur eine Vier geschrieben hatte, was sie den Worten kommentierte „oh, ich dachte ich wäre besser", starb jede Hoffnung in mir. Als ich meine Arbeit zurückerhielt, wagte ich es nicht, nach der Note zu schauen und bat meine Mitschülerin, das für mich zu tun. Wir waren beide geschockt. Sie, weil sie im Unterricht meine vielen Verständnisfragen beantwortet hatte und nicht verstehen konnte, dass ich zwei Noten besser als sie abschnitt. Und ich war wahrhaft positiv geschockt.

Das identische innere Drama lief auch bei der Rückgabe der weiteren drei Klausuren ab: Angst, Panik, Anspannung, das Gebet Nr. 4 (bitte, bitte lass es wenigstens eine Vier sein) und der positive „Schock". Ergebnis waren zweimal eine Zwei sowie eine Eins und eine Drei. Freude über die Ergebnisse stellte sich aus zwei Gründen nicht ein. Es war zu diesem Zeitpunkt (in Mathe und Englisch) nur Stückwerk ohne solides Wissensbasis, und das Niveau würde noch deutlich anziehen. Zumindest die Angst, direkt zu scheitern, wich einer kurzfristigen Erleichterung.

Die häufigsten Gründe des Scheiterns

Viele Menschen habe ich scheitern gesehen. Auch als ich später Menschen auf ihrem Weg ins Studium gecoacht habe, bin ich immer wieder auf die gleichen Muster gestoßen. Menschen konnten ihren Veränderungswillen zwar auf die Bahn bringen aber nicht ins Ziel. Aus meiner festen Überzeugung kann ich sagen, dass kaum jemand an der intellektuellen Herausforderung scheitert. Es sind vielleicht ein bis zwei Prozent, die nicht schlau genug sind. Die zentrale Frage lautet: Woran scheitern die anderen 98 Prozent, die nicht ans Ziel kommen? Die Fragestellung habe ich über die Jahre analysiert und systematisiert. Herausgearbeitet habe ich die zentralen vier Gründe, woran Menschen in Veränderungsprozessen scheitern.

Merke: Mangelndes Selbstverständnis aufgrund nicht vorhandener Fähigkeiten und Kompetenzen führt zur Flucht.

Die vier Phasen bis zur Flucht

1. Phase

Die Erkenntnis: Ich muss etwas in meinem Leben verändern!

Wenn wir intellektuell und emotional verstanden und akzeptiert haben, dass wir etwas in unserem Leben verändern müssen, entsteht eine große, überwältigende Kraft in uns. Die plötzliche Erkenntnis setzt ein emotionales Feuerwerk frei. Es gibt nur noch diesen Veränderungsimplus. Alle Gedanken sind fokussiert auf das neue

Leitthema. Jetzt! Nicht morgen oder übermorgen! Dieser Drang, sofort etwas verändern zu müssen, wird zu einem alternativlosen inneren Zwang. Getrieben und euphorisiert kommen wir schnell in Aktion und handeln. Dieses Gefühl, das erkannt zu haben, was uns wirklich entspricht, ist groß. Endlich loslassen, so fühlt sich Leben an.

2. Phase
Wie soll ich das nur schaffen?
Auf dem Weg zu sein, bedeutet, den Willen und die Emotionen in konkrete Handlungsschritte umzusetzen. Präzise formulieren, wo wir hinwollen und gleichzeitig deutlich skizzieren, was es dazu bedarf. Dann kommt genauso plötzlich wie der Veränderungswille die Frage: Wie soll ich das schaffen? Jetzt wird uns bewusst, dass es persönliche Gründe gibt, warum wir das Ziel bisher noch nicht erreicht haben. Entweder haben wir uns noch nicht getraut, es zu versuchen oder wir sind auf dem Weg dorthin schon einmal gescheitert. Wir haben also keine positiven Erfahrungen, was das Erreichen dieses Zieles betrifft. Dadurch wird die Frage immer größer: Wie soll ich das schaffen? Jetzt gilt unser ganzer Fokus dieser einzigen Fragestellung, begleitet von einer Welle negativer Emotionen und Energien. Gibt es eine Diskrepanz zwischen Wollen und Können? Anstelle der treibenden Kraft tritt ein Defizitdenken zutage. In Dauerschleife erzählen wir uns selbst, welche Eigenschaften, Talente, Fähigkeiten und Kompetenzen wir nicht haben, was wir alles nicht können.

3. Phase
Druck und Panik

Die Mixtur aus Veränderungswillen und dem Zweifel, ob es zu schaffen ist, erzeugt im Unterbewusstsein existenzielle Ängste. Wir haben verstanden, dass wir so nicht mehr weiterleben können und wollen deshalb sofort alles verändern. Und jetzt sagt uns unser Kopf: Du kannst dich wahrscheinlich gar nicht verändern. Aus den positiven Energien des Veränderungsdrangs werden Panik und Angst. Wie soll es bloß weitergehen, wenn ich es nicht schaffe? Gefangen im alten Leben? Wie beim Spiel „Monopoly": Über Los gehen oder begib dich direkt ins Gefängnis! Aus Zweifeln wird Verzweiflung. Wir gehen aber trotzdem ängstlich den ersten konkreten Schritt in eine andere Zukunft. In der Regel stoßen wir dabei erst einmal an unsere Grenzen, weil wir mit den Inhalten keine Erfahrungen haben. Unser Gehirn meldet zurück „habe ich ja gesagt, dass du das nicht schaffst". Wie sollen wir das verarbeiten?

4. Phase
Flucht

Bei einigen Menschen sind die Angst und Panik zu scheitern letztlich so groß und bedrohlich, dass sie vor lauter Selbstzweifeln direkt aufhören, den Veränderungsprozess weiterzugehen, bevor er eigentlich begonnen hat. Warum? Weil wir geschult darin sind, Dinge zu reproduzieren, mit denen wir Erfahrungen haben. In punkto Vermeidungsstrategien haben Menschen in der Regel vielfältige Erfahrungen, denn wir haben über die Jahre unsere individuellen Muster perfektioniert. Flucht ist eine diese Strategien. Wer den Mut nicht hat, sein bisheriges Leben in Frage zu stellen und damit verbunden die Themen zu erkennen, die für die Realisierung eines anderes Lebens bearbeitet werden müssen, der ergreift die Flucht. Für den Weg über Notausgang in unser gewohntes Leben benötigen wir jedoch kreative Ausreden, damit mir unser Versagen ertragen können. Wir entwickeln eine Geschichte, ein Konstrukt, warum es sinnvoll ist, jetzt nicht in die neue Richtung weiterzugehen. Wir hoffen, wenn wir die Geschichte nur oft genug erzählen, glauben wir sie irgendwann auch und erklären sie zur Realität.

Dazu ein paar Beispiele aus dem Leben

Ich möchte die Phasen der Flucht anhand einiger Beispiele darstellen, damit Sie es für sich visualisieren und nachvollziehen können.

Im Realschulkurs sind zwei Schwestern gestartet, die eine hat direkt davor ihren Hauptschulabschluss nachgeholt, damit beide zusammen sich auf den Weg zum Realschulabschluss machen können. In den ersten knapp drei Wochen bis zur ersten Klausur merken sie einerseits, dass sie gerade in den Hauptfächern Probleme haben. Sie machen aber andererseits das Richtige in so einer Situation. Sie sind fleißig und motiviert, stellen im Unterricht Fragen, bleiben auch nach Unterrichtsende, wenn der Dozent oder die Dozentin noch Fragen beantwortet. So ist es auch am Tag vor der ersten Klausur. Der Lehrer oder die Lehrerin beantwortet noch Fragen. Sie notieren sich eifrig die Antworten. Doch dann das: Es war das letzte Mal, dass sie den Unterricht besucht haben. Sie sind nie mehr wiedergekommen! Die Angst zu scheitern war so groß, dass sie sich nicht einmal getraut hatten, die ersten Klausuren mitzuschreiben. Sie hatten ein klares Ziel formuliert, eine Schwester hatte sich im Rahmen des Hauptschul- kurses bereits sehr aktiv in einen Veränderungsprozess begeben. Und dann ergreifen sie die Flucht vor den ersten Ergebnissen? Vielleicht wären die Arbeiten vollkommen in Ordnung gewesen und die beiden hätten Motivation und Selbstvertrauen geerntet. Allein die Möglichkeit, aus ihrer Sicht zu versagen, war unerträg- lich und offenbar nicht zu verarbeiten. Obwohl noch ein ganzes Jahr Zeit gewesen wäre, die Dinge positiv zu gestalten.

Später im sogenannten Immaturen-Kurs (ich gehe später noch darauf ein) habe ich einen Mann getroffen, der in einer Pause in kleiner Runde zu Beginn des Kurses in sehr bewegten Worten authentisch darlegte, warum Psychologie zu studieren sein großer Traum sei. Seine Worte haben mich sehr beeindruckt. Was und wie er es sagte, konnte ich so gut nachvollziehen. Er hatte in einigen Unterrichtsstunden zwar Zweifel geäußert, wie er dieses oder jenes schaffen sollte, war aber viel besser aufgestellt als ich. Drei Monate nach Beginn hörte er mit dem Kurs auf. Er schlich sich hinaus. Zunächst gab es scheinbar nachvollziehbare Gründe dafür, dass er nicht mehr am Unterricht teilnehmen konnte – Krankheit, Arbeit, private Verpflichtungen. Aber als der Zeitraum immer größer wurde, war klar: Etwas stimmt nicht. Auf Nachfrage sagte er, ihm sei dienstlich eine neue Aufgaben angeboten worden, bei der er mehr Gehalt und Verantwortung bekomme. Ich war irritiert. War sein Traum mehr Gehalt? Nein, sein Traum war es,

Psychologie zu studieren, sein Leben nachhaltig zu verändern und sich jetzt das zu holen, was ihm entspricht. Und das alles, bevor es zu spät und er zu alt ist. Ich hatte ihm jedes Wort, jede Silbe geglaubt. Das Tragische ist, dass er selbst letztlich nicht an sich und die Chance auf ein anderes Leben geglaubt hat. Da war ein Mann, der erkannt hat, dass er etwas verändern muss, um das Leben zu führen, welches in ihm vergraben liegt. Er hat sich auf den Weg gemacht, Geld bezahlt und ist doch vor sich selbst geflohen. Natürlich war das verbunden mit Ausreden, warum es besser für ihn ist, in seinem alten Leben zu verharren.

Eine Frau aus diesem Kurs verließ ihn zur gleichen Zeit mit der Argumentation, sie habe herausgefunden, dass sie durch eine berufliche Weiterqualifikation innerhalb von drei Jahren eine Hochschulzugangsberechtigung erlangen könne. Auf dem Weg, den sie nun abbrach, hätte sie die Hochschulzugangsberechtigung in einem Jahr erlangt. Was für eine Ausrede! Ich studiere lieber erst in drei Jahren. Auch der gewählte Zeitpunkt für diese Entscheidung lässt tief blicken. Auch ich habe noch ein anderes Fluchtszenario erlebt – die Pro- und Kontraliste. Ich erinnere mich an eine Frau und einen Mann, die nach Start des neuen Weges plötzlich die Entscheidung, ob sie weitermachen, bevor sie die ersten Ergebnisse erzielt hatten, anhand einer solchen Liste getroffen haben. Sie ahnen mit welchem Ergebnis.

Zukunftsentscheidungen mit Pro- und Kontralisten zu treffen, ist aus zwei Gründen falsch.

Erstens: Vergleichen Sie den aktuellen Istzustand, der natürlich subjektiv ist, mit Ihrer Version der Zukunft. Ihre aktuelle Situation leben Sie konkret Tag für Tag, die Zukunft können Sie sich nur vorstellen. Die Struktur und Verlässlichkeit der aktuellen Lebenssituation können wir einschätzen – das vermittelt Sicherheit. Eine fiktive Zukunft, die wir erst noch gestalten müssen, ist das Gegenteil. Ihr Mindset ist negativ, wenn Sie sich fragen: Wie soll ich das bloß schaffen? Ich kann das nicht! Dann wird auch Ihr persönliches Bild, das Sie von der Zukunft zeichnen, negativ sein. Es gibt natürlich auch den umgekehrten Fall. Sie denken zu positiv: Ich schaffe alles, Probleme gibt es nicht. Das kommt deutlich seltener vor, ist letztlich aber auch eine Form von Flucht. Solche Beispiele gibt es in den Fernsehsendungen, die Auswanderer begleiten, die weder die Landessprache beherrschen noch auch nur halbwegs über ein akzeptables Startkapital verfügen.

Zweitens: Die Zukunft besteht aus lauter Unbekannten. So haben Sie keine Ahnung, wen Sie alles auf Ihrem Weg treffen. Wie diese Personen Sie positiv beeinflussen, Sie inspirieren, fördern, unterstützen, Perspektiven aufzeigen. Diesen Aspekt können Sie nicht im Voraus einschätzen und in eine schlichte Tabelle eintragen wie einen Stromverbrauchswert. Ich bin gestartet und davon ausgegangen, dass ich zuerst den erweiterten Sekundarabschluss II mache und dann drei Jahre das Abendgymnasium besuche. Wenn alles gut geht, hätte ich in vier Jahren die Hochschulzugangsberechtigung erreicht. Dass ich einen Menschen kennenlerne, der mir eine Abkürzung aufzeigt und ich tatsächlich nur zwei Jahre bis zu dieser Schlüsselqualifikation brauche, wie hätte ich mir das vorstellen sollen? Also zu glauben mittels einer Pro- und Kontraliste Entscheidungen für die Zukunft treffen zu können, ist ein Trugschluss. In erster Linie ist es ein Fluchtweg erster Klasse, der perfekt dazu geeignet ist, sich selbst zu beruhigen. Ich habe mit einem soliden Bewertungsinstrument sorgfältig abgewogen, was für mich das Beste ist. In Wirklichkeit erhalten Sie nur die Ergebnisse, die Sie haben wollen.

Auch ich hatte einen Fluchtplan, einen Notausgang, allerdings wäre ich nie auf die Idee gekommen aufzuhören, bevor ich ausprobiert habe, ob ich die geforderten Leistungen erbringen kann. Dafür war mein Wille zu ausgeprägt, und der Veränderungsprozess an sich für mich alternativlos. Ich wusste: Ich will nicht mehr zurück in mein (Kranken)-Bett, auf das mein Leben die vergangenen Monate reduziert war. Diesem Druck, sich verändern zu müssen, aber nicht zu wissen, ob ich in der Lage bin, es zu schaffen, dieser Druck bringt einen an die persönlichen Grenzen. Ich hatte für mich definiert: Wenn ich in den ersten vier Klausuren zwei Fünfen schreibe, höre ich sofort auf. Dann reicht es nicht. Jeder Fluchtweg, egal zu welchem Zeitpunkt, bleibt aber eine Flucht. Zu fliehen, weil ich nicht weiß, wie ich es schaffen soll, ist zwar menschlich nachvollziehbar, aber unnötig.

Wichtig ist, wo Sie am Ende stehen

Doch wie ist es zu schaffen, nicht in dieses Muster der vier Phasen zu gelangen? Das zentrale Problem besteht darin, das Nichtkönnen, Nichtwissen und Nichthaben auf keinen Fall in den Fokus geraten zu lassen. Im ersten Schritt müssen Sie sich bewusst machen, dass bei (fast) allem im Leben zunächst das Nichtkönnen die Basis ist, von der wir starten. Kriechen, sprechen, laufen, lesen, küssen, rechnen, für sich selber sorgen, tanzen, kochen, musizieren und so weiter – all das gehört dazu.

Mental von großer Bedeutung ist es, zum Start in einen neuen Bereich, die „Dinge", die man noch nicht beherrscht, nicht als Mangel oder persönliche Inkompetenz zu werten. Es geht ausschließlich um den neuen Lernprozess und nicht um die Vergangenheit.

Es gibt keinen falschen oder zu späten Zeitpunkt, keinerlei Beschränkungen in Bezug auf Ihr Alter. Entwicklung und Lernen sind grundsätzlich ein Prozess. Es ist für die Erreichung des Ziels bedeutungslos, wo Sie am Anfang stehen. Wichtig ist ganz allein, wo Sie am Ende stehen. Der Schlüssel liegt darin zu akzeptieren, dass Sie dort stehen, wo Sie stehen. Dann müssen Sie sich realistisch viel Zeit zugestehen, die Kompetenzen und Fähigkeiten auszubauen. Machen Sie sich unabhängig davon, wie schnell andere das Ziel erreichen, oder wo diese aktuell stehen.

Wenn beispielsweise der Weg zu Ihrem Ziel eigentlich zwei Jahre dauert, Sie aber drei Jahren benötigen, um auf das Niveau zu kommen, das Ziel zu erreichen, ist das okay. Was ist daran schlimm? Wenn Sie Ihr Leben verändern wollen, ist es dann von zentraler Bedeutung, wie schnell Sie das Ziel erreichen oder dass Sie das Ziel erreichen? Der Zeitdruck ist nur in unserem Kopf. Wenn wir uns die Zeit geben, die wir individuell benötigen, dann nimmt das schon einen Teil des Druckes weg.

Und wir müssen unser Mindset umstellen. Statt zu fragen „wie soll ich das schaffen?", auf die wir natürlich keine Antwort haben können, ist der entscheidende Satz: „Ich werde alles tun, was nötig ist, um es zu schaffen." Ihre persönliche Evolution ist zukunftsoffen.

Kapitel 3

Lust und Frust

VERÄNDERN, KLAR, ABER WIE? ERKENNTNIS EINS: ES IST
NIE ZU SPÄT. ERKENNTNIS ZWEI: ICH MUSS EHRLICH ZU
MIR SEIN UND REFLEKTIEREN, WIE MEIN VERÄNDERUNGS-
PROZESS AUSSIEHT. ABER WIE MACHE ICH DAS?
UND WIE HELFEN GLÜCKS-CHUCKS?

Nachdem die ersten Klausuren Geschichte geworden waren, veränderte sich meine Vorgehensweise. War das Anforderungsprofil für mich bisher noch diffus, so wurden die Konturen nun deutlicher. Dies reduzierte den Druck zwar nicht, schaffte aber eine andere Ebene. Eines war mir sofort deutlich: Aus den ersten Ergebnissen muss ich so schnell wie möglich die richtigen Schlüsse ziehen. Das hieß: Die Dinge nicht erst einmal weiterlaufen lassen, sondern konkret und aktiv handeln. Es ist eine Art Phänomen, das viele Menschen in Entwicklungsprozessen erleben. Die Dinge sehr lange passiv laufen lassen und dann verstehen, dass Veränderung immer etwas Aktives ist. Und es bedeutet leider auch: Wenn ich dann irgendwann endlich ins bewusste Handeln komme, ist es bereits zu spät. Sich im Blick auf das eigene Ziel zu professionalisieren, ist aus meiner Sicht daher absolut notwendig. Überraschenderweise ist das vielen Menschen, die sich verändern wollen, nicht klar. Es gibt für mich drei zentrale Ebenen: die persönlichen Ressourcen, die geforderten Inhalte und die Motivation. Der Reihe nach.

Die persönlichen Ressourcen

Im Hinblick auf den persönlichen Bereich geht es darum, präzise zu analysieren. Wo liegen meine Stärken und Schwächen? Stimmt mein Selbstbild oder entwickelt es sich gerade neu? Welche Verbesserungspotenziale bestehen? Welche Schwächen lassen sich kurz- oder mittelfristig beseitigen? Welche Schwächen werden sich selbst mit größter Intensivität nicht auf ein normales Niveau bewegen lassen? Wie kann ich meine Stärken einbringen, sodass sie meine Schwächen ausgleichen? Bei mir war es so: Beim Gang nach Hause drehte ich gedanklich jeden Stein um, immer wieder und wieder. Im Bereich Auswendiglernen stellte ich bei mir große Potenziale fest. Da war ich anderen weit überlegen. Ebenso konnte ich recht gut einschätzen, was zu tun ist. Die Schwäche hingegen, die sich nicht auf ein normales Niveau bringen ließ, war die grafomotorische Störung. Das war nach den Klausuren mehr als deutlich und für jeden erkennbar. Die Folge: Um die schriftlichen Probleme auszugleichen, musste ich meine mündliche Beteiligung ausbauen und stärken.

Die geforderten Inhalte

Was wird konkret gefordert? Bin ich in der Lage, dies zu leisten? Wo stehe ich aktuell mit meiner Leistung? Welche Themen muss ich unbedingt vertiefen, welche nicht? Benötige ich in Teilaspekten professionelle Unterstützung? Ich ging systematisch vor.

In jedem Fach betrachtete ich genau, welche Punkte relevant sind. Die Ergebnisse der schriftlichen Arbeiten analysierte ich genau. Für die folgenden Wochen erstellte ich detaillierte Pläne. Die erste Entscheidung, die ich dann traf: Ich brauchte dringend Nachhilfe in Mathe und zwar sofort. Jetzt war klar, was ich leisten musste, um das erste Unterziel zu erreichen, den Sekundarabschluss II. Damit war nun auch deutlich, dass das Unterfangen keineswegs chancenlos war, wie ich früher dachte. Und mitten in diese Phase hinein kam ganz unvermittelt ohne Vorwarnung das mentale Loch. Jetzt, da sich die Dinge etwas sortiert hatten und der Nebel nicht mehr ganz so dicht war, poppten plötzlich Grundsatzfragen vor mir auf. Warum erst jetzt? Warum habe ich mich nicht schon zehn Jahre früher aufgemacht? Warum hatte ich jahrzehntelang keine Ahnungen, welche Fähigkeiten in mir stecken? Diese neuen Fragen führten direkt zur zentralen Frage: Macht es jetzt überhaupt noch Sinn, dies alles zu tun? Ist es nicht schon zu spät? Bin ich zu alt? Was kann ich denn überhaupt noch erreichen? Mir war schnell klar: Genau jetzt brauche ich frischen Input in Sachen Motivation.

Die Motivation

Also schaute ich nach Lektüre im Bereich Motivation, um eine andere, positive Denkweise zu entwickeln. In diesem Bereich gibt es ein sehr breitgefächertes Sortiment. Ich benötigte etwas, was für mich nachvollziehbar war und zu meiner Persönlichkeitsstruktur passte. Ich fand diese Vermittlung des Themas für mich bei einer Person, die allerdings im Bereich Business-Coach zu Hause war. Ich habe den Input von der Geschäftsebene auf meine Ebene herunterbrechen können. So zog ich ganz konkret viel Motivation daraus und überwand meine Gedankenfallen. Heute habe ich aus meinen Erfahrungen heraus mein eigenes „Mindset" für diesen Themenkomplex entworfen.

Es ist ein Thema, das für jeden und jede anders verortet ist. Im Bereich der Berufsbiografie gibt es – wie in den meisten anderen Bereichen auch – gesellschaftlich definierte Zeitfenster für bestimmte Abschnitte. Das bedeutet, wenn ich etwas verändern will, das aus dem Zeitfenster herausragt, dann befinde ich mich automatisch jenseits der zeitlichen Normen. Niemand kann das Rad der Zeit zurückdrehen. Somit gibt es drei Fragen, die sich jeder in dieser Situation irgendwann stellt. Wichtig ist es dann, die Fragen richtig zu interpretieren und die richtige Perspektive zu finden.

Warum erst jetzt?
Super, dass ich es **jetzt** geschafft habe, den Veränderungsbedarf zu erkennen und umzusetzen. **Jetzt** ist mein persönliches Zeitfenster, meine Ziele zu erreichen.

Macht das in meinem Alter noch Sinn?
Alles, was meinem wahren Wesen, was meinem Inneren entspricht, macht grundsätzlich immer und jederzeit **Sinn**, in jedem Alter. Das einzig Sinnlose in jedem Alter und in jeder Lebensphase ist, ein Leben zu leben, das mir nicht entspricht.

Habe ich als Quereinsteiger oder Spätberufener überhaupt realistische Chancen?
Wer hochmotiviert und fokussiert mit klarem Willen neue Ziele verfolgt und erreicht, ist per se ein Experte darin, **Chancen** zu erkennen und zu nutzen. Das heißt: Niemand hat eine **Chance**, mich aufzuhalten – außer ich selbst.

Fehlende oder mangelnde Selbstreflexion ist der zweite Grund, woran Menschen in Veränderungsprozessen scheitern. Der notwendigen Auseinandersetzung mit sich stellen sich viele nicht und suchen dann den Grund für ihr Scheitern bei anderen.

Ein Beispiel: Ein Kommilitone ist sehr gut in Deutsch, aber sehr schlecht in Mathe. In den anderen Fächern ist er weder top noch schlecht. Was passiert? Für eine kurze Phase ist er in allen Fächern total präsent, bis er schnell sein sehr großes Defizit in Mathe erkannt hat. In einem schleichenden Prozess besucht er zunächst nicht mehr regelmäßig und bald fast gar nicht mehr den Matheunterricht. In allen anderen Fächern nimmt er dagegen regelmäßig am Unterricht teil. An einem seiner wenigen Besuche im Matheunterricht sagt der Dozent: Wenn sich nichts ändert, wird er mit dem Leistungsniveau die Prüfung nicht bestehen. Wie reagiert der Schüler? Der Kommilitone sagt in der Pause zu den anderen: Ich zahle hier schließlich Geld. Also erwarte ich, dass der Dozent dafür sorgt, dass auch ich die Prüfung schaffe.

Zunächst geht alles so weiter wie bisher. Doch drei Wochen vor der Prüfung spielt der Schüler verrückt und nervt alle anderen, er brauche dringend Nachhilfe. Er sei auch bereit, dafür Geld zu zahlen. Er beginnt also erst jetzt, sich mit allen Themen zu beschäftigen und merkt natürlich, dass so viel neuer Input in so kurzer Zeit nicht zu schaffen ist. Trotzdem geht er davon aus, dass alles klappen wird.

„Überraschenderweise" fällt er krachend durch die Prüfung. Die Reaktion? Er ist nicht etwa enttäuscht oder traurig oder stellt sein Handeln in Frage, sondern ist wütend. Und zwar nicht auf sich, sondern auf den Dozenten und seine Mitstreiter. Er macht allen persönlich Vorwürfe, gibt den Dozenten die Schuld für sein Scheitern, aber auch uns anderen. Es kommen Sätze wie diese: Der Lehrer hat einen schlechten Unterricht gemacht. Er hat sich nicht genug um ihn gekümmert und überhaupt wäre es seine Aufgabe gewesen, ihn sicher durch die Prüfung zu bringen. Und seine Mitstreiter hätten ihn coachen sollen, weil er ja soviel Mathe verpasst hatte. Und es sei eine Frechheit, dass keiner bereit war, ihm vor der Klausur Nachhilfe zu geben. Also: Ein Haufen von Egoisten umgibt ihn. Alle anderen Fächer hatte er bestanden. Fazit: Wäre er bereit gewesen, rechtzeitig zu reflektieren, was er an seinem Denken und Handeln verändern muss, um die geforderten Leistungen zu erbringen, wäre er nicht gescheitert.

Ich habe jetzt dieses Beispiel gewählt. Es hätte aber auch ein beliebiges anderes sein können. Das Grundmuster ist identisch. Es handelt sich nicht um einen Einzelfall. Unglaublich viele Menschen scheitern nach dem gleichen Muster: Statt aktiv und eigenverantwortlich den Veränderungsprozess zu gestalten, lassen sie aus einer passiven Position heraus die Dinge laufen. Wenn sie dann endlich ins Handeln kommen, weil der Druck unerträglich wird, ist es schon zu spät. Identisch ist auch das Muster, die Schuld dafür bei den anderen zu suchen. Was folgt daraus? Die Strategie, nicht an diesem Punkt zu scheitern, unterteile ich in vier Phasen.

Phase eins: Die Reflexion

Jetzt gibt es Menschen, die Selbstreflexion zu einer Kunst erheben, abhängig von der eigenen Intelligenz. Oder anders gesagt: Ob eine Person dazu in der Lage ist, sei nur abhängig von der Intelligenz. Was ist denn Selbstreflexion? Zunächst ganz einfach: Es ist der ehrlichen Blick auf die eigene Situation. Das hat nichts mit Intelligenz zu tun, sondern mit Mut. Es ist der Mut, aus seiner selbst erschaffenen Welt herauszugehen und der Realität ins Auge zu blicken. Aus dem Mut, sich der eigenen Wirklichkeit zu stellen, entwickelt sich die Fähigkeit zur ehrlichen Analyse. Das ist erlernbar. Also auch hier gilt: Egal, wo ich zu Beginn stehe, sagt nichts darüber, wie ausgeprägt die Fähigkeit noch wird. Um so wichtiger ist es, von Beginn an kontinuierlich zu reflektieren. So ehrlich, offen, präzise, differenziert, strukturiert und detailliert, wie es mir aktuell möglich ist. Wer das tut, wird sehr viel Neues über sich erfahren und entdecken. Auf dieser Entdeckungsreise stieß auch ich auf erstaunliche Neuigkeiten. So merkte ich: Reflektieren – das kann ich gut und schnell. Die vergangenen 36 Jahre war dies nur nicht aufgefallen. Schlimmer noch: Ich hätte diese Fähigkeit auf gar keinen Fall mit mir in Verbindung gebracht. Viel und schnell auswendig zu lernen, hatte ich ja als Stärke entdeckt. Außer diesen neuen Erkenntnissen stellte die Selbstanalyse aber auch die Themen wieder in den Fokus, um die ich bisher lieber einen Bogen gemacht hatte. So wurde mir langsam bewusst, dass das Thema Legasthenie eine ganz zentrale Rolle in meinem Leben spielte und ich daran nicht mehr vorbeikomme.

Phase zwei: Umsetzen und Optimieren

Der kleine Schritt ist absolut wichtig. Die kleinteiligen Ergebnisse der gewonnenen Erkenntnisse müssen unbedingt sofort umgesetzt werden – und zwar am besten direkt. Wenn das nicht gleich im Ganzen gelingt, dann in möglichst viele Unterpunkte aufteilen. Das hilft. Und dann? Sofort wieder reflektieren. Es folgen die nächsten Fragen: Haben Reflexion und Handlung zu einem neuen

Ergebnis geführt? Ist das neue Ergebnis auch zielführend? Oder haben sich keine Veränderungen eingestellt? Warum nicht? Muss ich komplett umdenken oder nur feinjustieren? Immer wieder kleinteilig auf alle relevanten Unterpunkte zu schauen, bringt sehr viel. Was kann ich verbessern, welche Ressourcen habe ich? Somit kommen wir zum nächsten Schritt.

Phase drei: Individuelle Strategie entwickeln

Dabei gibt es immer drei Ausgangspunkte – die eigenen Stärken, Fähigkeiten und Talente. Wie kann ich diese ganz konkret einsetzen, um meine Schwächen und Defizite zu beseitigen? Was ich erfuhr und mich auch beruhigte: Es ist immer mehr vorhanden als das, was fehlt. Wer das Gefühl hat, es sei bei ihm genau anders herum, hat die Phasen eins und zwei nicht ehrlich umgesetzt. Mit einem Defizit wird es schwer, langfristig die eigenen Ziele zu erreichen. Jede und jeder kann das persönliche Ziel nur mit der individuell angepassten Strategie erreichen. Bei mir war dies unter anderem: Alles, was sich auch nur ansatzweise auswendig lernen lässt, lernte ich bis zum Erbrechen auswendig. Alles, was ich zu Hause vorbereiten konnte, wie Referate, machte ich freiwillig und frühzeitig und letztlich sehr gern.

Phase vier: Ich bin einzigartig

Jeder muss sich akzeptieren. Er oder sie funktioniert eben so. Das Wichtige ist nur die Bewertung. Es ist weder gut noch schlecht. Es ist einzig und allein mein Weg, wie effektiv ich Themen bearbeite, um meine Ziele zu erreichen. Es ist schlicht sinnlos, sich ständig mit anderen zu vergleichen. Das ist ein ganz wichtiger Schritt, denn er ist tief in uns und unserer Gesellschaft verankert. Es geschieht immer wieder. Wir schauen, wie ANDERE funktionieren. Die

Folge: Angeblich sind die besser, wir können dies nicht und das nicht. Das demotiviert. Schluss damit! Wir sind einzigartig, mit besonderen Fähigkeiten und Stärken. Mein Tipp: Je konkreter und detailreicher das Bild ist, das ich von mir habe, desto stärker und nachhaltiger kann ich es für meine persönliche Strategie nutzen. Nur aus den eigenen Stärken heraus kann es gelingen, langfristig erfolgreich zu handeln. Und ich muss meine Strategien und Herangehensweisen durchhalten, selbst dann, wenn andere sie in Frage stellen. Und warum tun die anderen das? Weil unser Verhalten vielleicht nicht dem genormten Muster entspricht. Dazu ein kleines Beispiel: Ich hatte das letzte Thema für die Abschlussklausur in Mathe nicht gelernt. Mein Kopf war insgesamt zu voll. Ich konnte keinen anderen Inhalt mehr aufnehmen. Als ich dies in einem Pausengespräch erzählte, meinten die anderen, ich könne das nicht machen. Man müsse alles lernen. Jemand meinte sogar, diese Vorgehensweise sei äußerst dumm. Ich hielt aber an meiner Strategie fest. Was geschah? Ich erreichte in Mathe letztlich mein Ziel – die meisten anderen nicht. Selbstreflexion ist zentral für die eigene Entwicklung. Aufs Ziel fokussieren, ist wichtig.

Die positive Fremdwahrnehmung

Welche erstaunliche Kraft Worte haben können, zeigte mir ein anderes Beispiel. Das einzige Schulfach aus meiner fernen Regelschulzeit, das positiv besetzt war, ist Geschichte. Egal, in welchem Schulsystem, es war das einzige Fach, an dem ich Spaß hatte. Immer erhielt ich in Geschichte gute Noten. In irgendeinem belanglosen Pausengespräch rutschte mir das einmal heraus. Ich erschrak. Hatte ich das wirklich gesagt? Dann dachte ich: Das ist so lange her, wird mir das Fach heute noch liegen? Spannend fand ich, dass die anderen es als selbstverständlich ansahen, dass ich gut in Geschichte bin. Ich hörte sie sagen: Ach, der Maik ist voll gut in Geschichte. Dabei hatte ich bis dahin keinen wirklich nachhaltigen Leistungsnachweis erbracht. Nur meine eigene positive Schilderung hat eine positive Fremdwahrnehmung erzeugt. Auch am Tag, als es die erste Geschichtsklausur zurück gab, prophezeiten die anderen: Du hast bestimmt eine Zwei geschrieben. Sie sollten sich irren. Es war eine Eins.

Allerdings stand fett in Rotschrift in der Arbeit: extrem viele Rechtschreibfehler, wäre dies die Prüfungsklausur, würde mindestens um eine Note abgewertet werden. Egal, wie gut die schriftlichen Noten waren, letztlich hatte ich dieses Defizit immer direkt vor Augen. Während es mich in Geschichte nur nachdenklich machte, weil die Eins ja eine Eins blieb, sah es in Deutsch ganz anders aus. In der ersten Klausur hatte es für alle einen Puffer gegeben, und die Rechtschreibung wurde nicht mitgewertet. Ich nutzte die Gunst der Stunde und schrieb eine Eins, doch danach in jeder Klausur machten die Abzüge für die Rechtschreibfehler die Diskrepanz zwischen Eins und Zwei aus. Das frustrierte mich extrem. Nein, nicht deshalb, weil ich zwanghaft Einsen sammeln wollte, sondern weil ich mich eingesperrt fühlte von der Lese- und Rechtschreibstörung (LRS). Das Gefühl, nie hundert Prozent meines Potenzials abrufen zu können, grenzt unglaublich ein und aus. Deutsch entwickelte sich zunächst zu einem meiner Lustfächer, weil es mir große Freude bereitete, Texte zu schreiben und zu interpretieren. Die Bewertung war so aufgeschlüsselt, dass es ab 97 Prozent ein „sehr gut" gab. Unter meinen Klausuren stand aber immer wieder 96 Prozent. Ich begann, die Zahl zu hassen, obwohl die 96 im Raum Hannover durch den ansässigen Fußball-Bundesligaverein eigentlich positiv belegt ist. 96-mal Kotzen,

96-mal die Legasthenie verfluchen, 96-mal schreien vor Wut. Immer wieder drehte sich alles um die Legasthenie. Da konnte ich noch so brillant interpretieren, am Ende wusste ich schon vorher, dass es nur für eine Zwei reichen kann. Es baute sich eine unsichtbare Mauer auf, die ich nicht durchdringen konnte.

Ging es um Inhalte oder persönliche Behinderungen? Wenn ich an einer Klausur schreibe, kommt sicher mindestens zwei- oder dreimal der Moment, in dem ich plötzlich nicht mehr weiß, wie ein Wort geschrieben wird. Gestern wusste ich es noch. Morgen ist es auch wieder klar, aber jetzt, in dieser Sekunde, habe ich keinen Plan. Dann wird die inhaltliche Bearbeitung durch eine Notbremsung gestoppt. Ich versuche dann, ein Bild dieses Wortes zu projizieren, doch ich sehe es nicht. Das kann doch nicht wahr sein, konzentrier' dich! Das rufe ich mir zu. Es kommt mir vor, als litte ich unter Buchstaben-Amnesie. In den nächsten Sekunden wird mir plötzlich klar: Das Wort fängt (beispielsweise) entweder mit F oder V an. „Mann, das Wort schreibst du doch sonst im Schlaf", sage ich mir. Dann schreibe ich es zunächst in Variante eins auf. Aber irgendwie kommt es mir falsch vor, wenn ich es mir genau ansehe. Ich streiche es durch und versuche es mit Variante zwei. Jetzt ist klar: Diese hier ist falsch, und Versuch eins war richtig. Alles durchstreichen und zum dritten Mal schreiben. Für eine variantenreiche Rechtschreibung bekommt man leider keine Bonuspunkte. So, zurück zum Inhaltlichen, welchen Gedankengang hatte ich gerade noch?

Plötzlich rebellierte mein Körper

Die Mitschülerinnen und Mitschüler konnte meinen Frust nicht nachvollziehen. Sie sahen nur meine gute Note, nicht mein

Problem. Und ich konnte und wollte ihnen nicht erklären, wo mein tief liegendes Problem lag, auch weil unsere Lebenswelten zu weit voneinander entfernt waren. Wir saßen zwar täglich im selben Raum und verfolgten das gleiche Ziel. Ansonsten verband uns absolut nichts. Wie bei einem Roman, der in zwei unterschiedlichen Zeitebenen spielt, kam mir das vor. Das Thema traf mich im Kern, die Frustration schlug nach und nach um. Ich resignierte. Nur noch halbherzig folgte ich dem Deutschunterricht. Dass ich die Prüfung bestehen würde, daran zweifelte ich nicht. Auf Details hatte ich keinen Bock mehr. Hinzu kam, dass sich mein Immunsystem wieder in den Vordergrund drängte. Nach dem Motto „denk ruhig fortlaufend darüber nach, wie du deine Ziele erreichst, Spoiler-Alarm, wenn ich nicht will, gar nicht".

Über mehrere Wochen suchte mich ein Infekt nach dem anderen heim. Es wirkte, wie eine Machtdemonstration meines Körpers. Volle Kraft schmettert er mich zurück in das Bett, aus dem ich zu fliehen versuchte. Zurück im Bett, zurück beim Arzt, zurück zu Antibiotika, zurück mit Luftnot. Gerade, wenn ich dachte, jetzt geht es wieder bergauf und ich kann wieder regelmäßig am Unterricht teilnehmen, setzte sich ein neuer Infekt auf den noch nicht ganz auskurierten. Ich versuchte, körperlich geschwächt und nach Luft ringend, selbst organisiert im Krankenbett weiterzulernen, um den Anschluss nicht zu verlieren. Es gab Nächte, da hatte ich das Gefühl, ich huste mir die Lunge heraus. Es gab heftige Asthmaanfälle. Ich fühlte mich, als ob ein Bus mich überfahren hätte. An besseren Tagen schleppte ich mich zum Unterricht. Zumindest notentechnisch lief es noch wunschgemäß – bis auf Mathe. Jetzt stellte mein altes Laster von Dauererkrankungen alles in Frage. Verzweiflung auf allen Ebenen. Die Ketteninfekte führten dazu, dass ich über Wochen nur sporadisch am Unterricht teilnehmen konnte und mich zu Hause nicht mit den Inhalten, sondern dem Genesen beschäftigen musste. Sollte alles nur ein Strohfeuer sein, ein kurzer Ausflug ins Leben? Gab es doch keine Zukunft für mich? Wie viel Antibiotika kann man nehmen, bis kein einziges mehr wirkt? Wie viele Herausforderungen kann ein einzelner Mensch zeitgleich meistern? Nachhilfe konnte ich organisieren, aber meinem Immunsystem war ich hilflos ausgeliefert.

Die Benzinanzeige blinkt. Nur noch Sprit für 20 Kilometer. Weit und breit keine Tankstelle in Sicht. So fühlte ich mich in dieser Situation. Das einzige, was mich noch antrieb, war dieser unglaubliche Wille, dessen Intensivität mir unerklärlich vorkam. Er trieb mich, krank zu einer Physikklausur zu gehen. Bis dahin hatte ich 24 Tage in Folge zwei unterschiedliche Breitbandantibiotika in mich hineingewürgt. Ob das wohl unter Doping fällt? Zum Lachen war mir aber gar nicht zumute. Meine Darmflora war durch hohe Konzentration an Antibiotika ein Trümmerfeld, und so verbrachte ich den Großteil der Klausur auf der Toilette. Dort sitzend dachte ich nur: Was mache ich hier eigentlich? Es war natürlich keine gute Idee, in diesem Zustand die Arbeit zu schreiben, und doch schaffte ich mit diesem Willensakt noch eine Drei.

Mein „One Fucking Day"-Prinzip

Irgendwann war ich zurück im Unterricht. Mich plagte ein großer Rückstand an Wissen, besonders in Englisch und Mathe. Ich musste schnell die aktuelle Situation analysieren und hinsichtlich der nahenden Prüfungen sehr schnell entscheiden, was in den verschiedenen Fächern die jeweilige Strategie sein sollte. Zögern, Hadern und Fehleinschätzungen verboten. Die extreme Dynamik fühlte sich an, als ob ich im Treibsand zu verschwinden drohte. Ich dachte: Wenn ich nicht in Sekunden die richtigen Entscheidungen treffe, versinke ich.

Mir wurde bewusst, dass ich MIR vertrauen und mich auf MEINE Entscheidungen verlassen muss. Einige Klausuren hatte ich verpasst, einige wenige jetzt nicht besonders gut abgeschlossen. Ich müsste mich füttern mit Motivation. Aber wie? Darüber hinaus merkte ich, dass ich mich von kleinen negativen Themen herunterziehen ließ. Ich verlor mich im Selbstmitleid und in Wut. Ich hatte keine Zeit und Ressourcen für die künstlichen Täler, keine Kraftreserven. Ich musste aktiv gegensteuern. Deshalb erfand ich mein „One Fucking Day"-Prinzip.

Das ist so etwas wie ein Geheimrezept, das ich für mich entwickelt habe. Es wirkt. Die Ausgangslage: Mich überkommen negativen Emotionen. Grund egal. Ich verstehe ein Thema null. Ich kann in der Klausur nicht die erwartete Leistung abrufen. Ich werde unfair benotet. Okay, jede und jeder kann hier sicher etwas in der Richtung anfügen. So, dann nehme ich mir einen Tag Zeit. Dann gebe ich jeder negativen Emotion Raum, sich auszubreiten. Ob Selbstmitleid, Trauer, Hoffnungslosigkeit, Verzweiflung oder Wut über diese ungerechte Welt – ganz egal. Die ganze Klaviatur der Selbstsabotage klingt an. In diesen 24 Stunden ist alles erlaubt: sich suhlen im Tief, alles in Frage stellen oder die angestauten Aggressionen herauslassen. Es ist tatsächlich eine Art Emotions-Schlussverkauf – alles muss raus. Die Deadline ist am Abend. Dann gibt es zum Abschluss das Reset-Ritual: ein großes Glas Rotwein (alternativ kann es auch ein alkoholfreies Bier sein, ein Stück Käsekuchen, was auch immer, völlig beliebig, aber es soll

Spaß machen). Durch den Drink setze ich unter das aktuelle Tief einen Haken, abgearbeitet! Ab morgen geht es mental wieder nach vorne. Wichtig ist nur: Mit dem Abschlussritual ist das Thema wirklich abgehakt. Wenn es beim ersten Mal nicht direkt klappt, bitte nicht ärgern.

Ich hatte damals noch kein Selbstverständnis beim Erbringen guter Leistungen. Das führte dazu, dass das „One Fucking Day"-Prinzip regelmäßig zum Einsatz kam. Alles kam mir immer noch wie Stückwerk vor. Ich musste mich aber schon mit dem nächsten Schritt beschäftigen, denn die Anmeldungen für das Abendgymnasium standen an. Ich informierte mich also intensiv über die Fristen, Inhalte und Voraussetzungen. Eine Sache bereitete mir jedoch große Bauchschmerzen: Ich musste noch eine zweite Fremdsprache lernen.

Bei genauer Betrachtung habe ich doch jetzt schon zwei Fremdsprachen, sagte ich mir. Alleine der Gedanke an eine weitere Grammatik löste einen inneren Widerstand in mir aus. Noch mehr Buchstabensuppe könnte mein Kopf wohl definitiv nicht ertragen. Aber so unwohl ich mich mit dem Gedanken fühlte, ich musste diese Kröten schlucken, um irgendwann an mein Ziel zu kommen. Trotzdem ließ mich der Gedanke nicht mehr los. Schließlich erörterte ich das Thema Abitur mit dem Bio-Dozenten. Vermutlich wollte ich von jemandem, der mich aus dem Bildungskontext kannte, eine positive Bestärkung hören. Stattdessen hörte ich ganz unerwartet etwas anderes: Warum willst du dir das antun? Warum drei Jahre bis zum Abi machen, wenn du auch eine Hochschulzugangsberechtigung in einem Jahr ohne weitere Fremdsprache erwerben kannst?

Und so erfuhr ich von der Möglichkeit, über einen sogenannten Immaturenkurs meine Ziele zu erreichen. Auch wenn ich keine genauen Vorstellungen hatte, was genau auf mich zukommen würde, war ich so glücklich. Es gab eine Alternative. Und die ganz ohne zusätzlichen Sprachenhorror. Der Bio-Dozent leitete diesen Kurs. Wie prima! Voller Euphorie meldete ich mich an. Einziger Haken: Er begann bereits jetzt, im April, mitten im letzten Drittel des Realschulkurses. In der Verwaltung wurde meine Anmeldung dafür gleich als Abmeldung in der Realschule missverstanden. Aber das war für mich keine Option, ich hatte schon zu viel investiert.

Auf dem Weg zum ersten Unterricht hörte ich wieder und wieder „Barfuß" von Clueso, der mein Gefühl an diesem Tag des Aufbruchs so perfekt ausdrückt: Die Magie des Neuen. Ob ich mein selbst formuliertes Ziel auch erreiche, ist noch ungewiss, aber es fühlt sich richtig an. Allein deshalb lohnt es sich, diesen Weg zu gehen:

Hier und da komm ich auf die Idee
Ein andern Weg zu gehen
Mal verspielt und mal gefasst
Manchmal macht mir der Nase nach
Einfach das unbeholfne Spaß
Beweg mich gerne mal im Kreis
Doch jeder noch so kleine Teich,
Sollte verbunden sein zum Meer
Immer wenn ich was Neues ausprobier
Lauf ich wie barfuß über Glas

Doch ich fühl mich federleicht
Weil es sich fast immer lohnt
Und so erscheint, dass nichts so bleibt, wie es ist
Fast schon, wie gewohnt

....

Auszug aus dem Song „Barfuß" / Clueso / Album So sehr dabei /
Label Text & Ton / Sony Music / 2009 /
Text Ralf Christian Meyer, Thomas Hübner, Tim Neuhaus

Und so hatte ich einen neuen Lebensrhythmus. Morgens Schule, nachmittags meine Kinder und für die Prüfungen lernen, dazu an drei Tagen Abendschule. Das Komische: Der Unterricht lief beim selben Bildungsträger am identischen Standort genau in dem Raum, in dem der Unterricht im Realschulkurs stattfand. Ich saß auf meinem gewohnten Platz. Rechts an der Tafel standen die nächsten Klausurtermine und in den Fensterbänken lagen Stapel mit diversen Arbeitsblättern aus dem Realschulkurs. Selbst das Parfüm meiner Sitznachbarin aus dem Vormittagskurs lag am Abend noch in der Luft. Nur die Kommilitoninnen und Kommilitonen, die Uhrzeit und die Inhalte waren andere. Ein irritierender Zustand, der unterschwellig stets das Gefühl eines fehlerhaften Déjà-vus bei mir hinterließ. Dieser Raum war aktuell das Zentrum meines Lebens.

Studieren ohne Abitur

Die Zulassungsprüfung

Wer weder über eine schulische Hochschulzugangsberechtigung noch über einen entsprechenden Ausbildungs- oder Fortbildungsabschluss verfügt, kann vielleicht von der sogenannten fachbezogenen Hochschulzugangsberechtigung durch Prüfung profitieren. Man nennt sie auch die Immaturen- oder Z-Prüfung. Wer diese Zulassungsprüfung besteht, kann in einem gewählten Fach sein Studium beginnen.

Voraussetzungen für die Zulassung zur Prüfung

- Abschluss der Sekundarstufe I oder ein gleichwertiger Abschluss.

- abgeschlossene mindestens zweijährige Ausbildung in einem anerkannten oder als anerkannt geltenden Ausbildungsberuf mit anschließender mindestens zweijähriger entsprechender hauptberuflicher Tätigkeit oder eine mindestens fünfjährige hauptberufliche Tätigkeit in einem Berufsbereich, dessen Anforderungen denen eines entsprechenden Ausbildungsberufs vergleichbar sind.

- Nachweis der Prüfungsvorbereitung durch Gutachten einer Einrichtung der Erwachsenenbildung, einer Verwaltungs- und Wirtschaftsakademie oder einer

Fernstudieneinrichtung oder einer Person, die ein Hoch-
schulstudium abgeschlossen hat und die Vorbereitung
der Bewerberin oder des Bewerbers in den Fächern des
allgemeinen Teils auf Fachoberschulniveau gefördert
hat.

Die Prüfung besteht aus
1. dem allgemeinen Teil:
   drei schriftliche Arbeiten unter Aufsicht (Klausuren,
   drei Stunden Dauer) zu Kenntnissen in Deutsch,
   Englisch (wer durch ein Zertifikat nachweist, dass
   er über Kenntnisse der englischen Sprache auf dem
   Niveau B2 verfügt, ist von der Prüfung im Fach
   Englisch befreit) und Mathematik oder einer Naturwissenschaft (Biologie).

2. einer mündlichen Prüfung,
   die sich auf allgemeine Kenntnisse zu kulturellen, politischen, gesellschaftlichen und wirtschaftlichen Themen
   bezieht; 30 Min. Dauer, als Gruppengespräch 20 Min. je
   Prüfling.

3. dem besonderen Teil im gewählten Studiengang:
   eine schriftliche Arbeit unter Aufsicht; (Klausur, 2 bis
   5 Stunden Dauer), die auch durch eine Hausarbeit mit
   einer Bearbeitungszeit von bis zu vier Wochen mit
   Kolloquium ersetzt werden kann.

4. einer dazugehörigen mündlichen Prüfung:
    45 Min. Dauer, als Gruppengespräch 30 Min. je Prüfling.

Quelle: *https://www.studieren-in-niedersachsen.de/studien-wahl/orientierung/studieren-ohne-abitur/zulassungspruefung-und-sonderregelungen.html*

Informationen für jedes Bundesland unter
http://www.studieren-ohne-abitur.de/web/service/infografiken/index.html

Was Glücks-Chucks sind

In Englisch war der Rückstand so groß, dass ich merkte, ich muss zurückgehen an den Punkt, wo ich krank ausgefallen war. Das bedeutete: Ich stieg aus dem Unterricht aus und arbeitete jetzt alles chronologisch nach, mit dem Ziel, bis zur Abschlussklausur wieder auf dem Stand zu sein. Aktuell war ich so natürlich null im Thema. Die letzte Klausur vor der Prüfungsklausur hatte eine ambivalente Aufgabenstellung für mich. Strategisch gesehen benötigte ich eine Drei, damit ich als Vornote eine Drei bekomme. Dann könnte ich mit einer weiteren Drei in der Prüfungsklausur verhindern, in die mündliche Prüfung zu kommen. Englisch sprechen ging gar nicht. Wenn ich gezwungen wurde, war es nur peinlich.

Wir bekamen vorab drei Prüfungsklausuren der vorigen Jahre. Eine davon wird die Klausur sein. In meiner persönlichen Strategie der Vorbereitung hatte ich wegen der Doppelbelastung absolut keine Zeit, mich mit allen möglichen Arbeiten zu beschäftigen. Ich ging in mich und versuchte, aus dem, was der Dozent gesagt hatte, zu erahnen, welche Arbeit drankommen würde. Ich entschied mich aus dem Bauch heraus für die Arbeit über den britischen Sprengstoff-Attentäter Guy Fawkes. Natürlich war das ein totales Risiko. Aber der Balanceakt zwischen zwei Kursen ließ sich nicht anders für mich handhaben. Am Morgen der Klausur war ich wahrhaft kribbelig. Es fühlte sich an wie eine Fußballwette. Heimsieg, unentschieden oder Auswärtssieg? Ich war so gespannt und nervös. Ich ging etwa alle zwei Minuten zur Toilette. Als der Lehrer den Raum betrat, machte er es spannend und fragte vor der Verteilung der Klausur, was wir denken, welcher Text es sein werde. Mutig sagte ich: „Guy Fawkes."

Warum ich das glaube, fragte er mich. Weil ich muss! Ich griff sofort nach der Arbeit und … jajaa, wie geil ist das denn? Guy Fawkes! Ich trug an diesem Tag meine nagelneuen hellgrauen Chucks, die ich erst wenige Tage zuvor gekauft hatte. Diese legendären Sportschuhe sind benannt nach dem amerikanischen Basketballer Chuck Taylor: weiße Gummikappe, weiße Sohle, Leinenstoff – einfach unverwechselbar. Ich erklärte sie noch am selben Tag zu meinen Glücks-Chucks und trug sie seit diesem Tag bei jeder Klausur oder Prüfung. Mit diesen Schuhen konnte ich niemals durchfallen. Meine Reise konnte weitergehen.

Kapitel 4

Weniger Vergangenheit – mehr Utopie

WIE DAS ZITTERN ZU BEWÄLTIGEN IST, WARUM OFT DREI
GRÜNDE ZUM SCHEITERN FÜHREN UND WIE ICH LERNE,
NACH VORNE ZU SCHAUEN. WELCHE STÄRKEN HABE ICH,
WIE SEHEN DIE VON MENSCHEN MIT LEGASTHENIE AUS?

Zehn Monate hatte ich Zeit gehabt, mich in die Themen Schule und Lernen einzuarbeiten. Jetzt wurde es ernst. Eine Abschlussprüfung war noch einmal etwas anderes, insbesondere vor dem Hintergrund, als ehemaliger Schulverweigerer kaum auf positive Erfahrungen zurückgreifen zu können. In der Hinsicht hatten meine Mitschülerinnen und Mitschüler einen Vorteil – dachte ich zumindest.

Die Prüfungssituation allein stellte mich vor genügend Probleme. Doch der Versuch, in zwei verschiedenen Bildungskursen parallel dem jeweilige Anforderungsprofil gerecht zu werden, war definitiv verwegen. Ich fühlte mich, als würde ich versuchen, mit Medizinbällen zu jonglieren: hart und kaum zu händeln. Aber der Weg war für mich unumgänglich. Zwar war für den Immaturenkurs der Sekundarabschluss II keine Zulassungsvoraussetzung, und trotzdem lag mein kompletter Fokus auf den Abschlussprüfungen. Ich wollte für das Jahr Arbeit einen Leistungsnachweis haben, auch wenn dieser nur für mich und darüber hinaus mit keinerlei positiven Emotionen besetzt war. Der Grund dafür war einfach. Durch diesen Abschluss würde sich nichts in meinem Leben ändern. Mein Ziel war gefühlt noch genau so weit weg wie vorher, und nicht ein einziger Mensch würde mich mit anderen Augen sehen. Damit meine ich nicht Anerkennung von anderen. Nach all den Jahren waren die Meinungen der Menschen in meinem privaten und beruflichen Umfeld über mich bedeutungslos geworden, abgesehen von der Sicht meiner Frau und unserer Kinder. Nein, ich meine, dass jede und jeder das sehen soll oder muss, was in mir ist und nicht nur das sieht, was sie oder er sehen will.

Ich hatte damals schlicht noch nicht verstanden, dass alle eh nur das sehen, was sie sehen wollen. Die Ambivalenz meiner Gedanken, Emotionen und Handlungen in diesen Wochen und Monaten war kaum noch zu ertragen. In dem Kurs, der mir konkret versprach, in nur zwölf Monaten die ersehnte Hochschulzugangsberechtigung zu erreichen, brachte ich mich immer weniger ein. Mir war klar: Für den positiven Abschluss des Realschulkurses bräuchte ich meinen kompletten Fokus, und zwar mental und emotional. In den Hauptfächern parallel ständig zwischen zwei Themen zu pendeln, war für mein Gehirn der Knockout. Alles verschwamm und verwischte. Und so zog ich meine persönliche Konsequenz und beschloss, bis zu den Abschlussprüfungen im Realschulkurs nur temporär am Unterricht im Immaturenkurs teilzunehmen. Und das auch nur, um mein Gesicht zu zeigen. Inhaltlich bearbeitete ich nichts mehr. Natürlich hatte ich Angst, dass ich es nicht schaffen würde, den Rückstand wieder aufzuholen. Aber die Entscheidung fühlte sich in meiner aktuellen Situation richtig an. So zog ich sie konsequent durch.

Drei Gründe zum Scheitern

Das Herausforderungspotenzial bezog sich nicht nur auf die inhaltliche Doppelstruktur, sondern auf die beiden sehr unterschiedlichen Gruppenkonstellationen. Es war sozusagen meine eigene Daily Soap unter dem Titel „Maik Tag und Nacht". Ich pendelte innerhalb eines Tages nicht zur zwischen verschiedenen fachlichen Inputs, sondern auch zwischen Lebenswelten, die kaum konträrer sein konnten. Die Tagesrealschüler hatten zum Großteil, zumindest gefühlt, die Pubertät noch nicht hinter sich gelassen und lebten dementsprechend sprachlich, musikalisch, humoristisch und hinsichtlich ihrer Weltanschauung in einer eigenen Zeitepoche. Die Abendrunde war eine Art „Rudis Resterampe". Das ist durchaus liebevoll gemeint, denn ich war ja auch ein Teil davon. Eine weitere Diskrepanz zwischen den Teilnehmenden bestand darin, dass die jungen Menschen im Tageskurs ihre Zukunft noch vor sich hatten. Doch leider zeigten sie keinerlei Lust darauf. Die Schülerschaft im Abendkurs dagegen war voller unerfüllter Träume und Wünsche, bezogen auf die berufliche Biografie. Alle wollten nun die (letzte) Chance nutzen, ihr Leben in eine andere Richtung zu lenken.

Dies führt mich direkt zum dritten Grund, an dem Menschen in Veränderungsprozessen scheitern. Sie scheitern an ihrer Vergangenheit (alten Glaubenssätzen und Mustern). Dies traf auf die

Mitschülerschaft im Abendkurs insofern besonders zu, da sie altersbedingt schlicht über mehr Vergangenheit verfügten. Aber auch die Menschen im Realschulbereich hatten da schon negative Strukturen, sonst wäre ihr erster Bildungsweg positiver verlaufen.

Bestimmte individuelle Erfahrungen aus der Vergangenheit prägen uns, ketten uns emotional an sich und reduzieren uns auf eine Person, die wir zu einer bestimmen Phase unseres Lebens waren. Selbst wenn wir schon seit vielen Jahren ein Mensch mit anderen Erfahrungen, Einstellungen und Perzeptiven sind und uns inzwischen in einer ganz anderen Lebensphase befinden, täuscht uns unser Gehirn in bestimmten Schlüsselthemen vor, wir wären noch immer diese Person. Dabei ist sie in Wirklichkeit nur eins – eine Figur unserer persönlichen Entwicklungsgeschichte. Wenn Menschen es nicht schaffen, die Muster und Glaubenssätze der Vergangenheit zu überwinden und die aktuelle Realität anzuerkennen und dementsprechend zu agieren, wird der Veränderungsprozess scheitern. Dazu hier ein paar Beispiele.

Von der fehlenden Selbstreflexion

Der Deutsch-Dozent im Immaturenkurs hatte mit uns neu angefangen. Was sich zunächst nur andeutete, wurde mit zunehmender Kursdauer deutlicher. Dieser Dozent war eine streitbare Fachkraft. Obwohl alle dies registrierten, teilte sich der Kurs in zwei Hälften.

Die eine ging auf die Schleimspur, weil sie sich Vorteile erhoffte. Die andere schaltete innerlich ab und saß die Zeit wie eine intellektuelle Haftstrafe ab. Ich tat das, was ich seit Beginn meines Weges immer tat: Ich ging meinen individuellen Weg. Das hatte natürlich ganz pragmatische Gründe. Um sich der „Arschkriecher"-Fraktion anzuschließen, dafür war der Lehrer inhaltlich schlicht zu weit von Gut und Böse entfernt. Auf diese Ebene konnte oder wollte ich mich nicht bewegen. Zum sturen Abschalten und Absitzen fehlte mir die Lebenszeit im Kontext zu dem Niveau, das ich noch in Mathe erreichen musste, um die Prüfung adäquat zu meistern. Und Deutsch? Es war das einzige Fach, bei dem ich mir uneingeschränkt sicher war, es zu bestehen. Skurril, das einzige Fach in dem der Legastheniker sich sicher war, die Prüfung zu bestehen, war Deutsch. Also entschied ich, nur jedes zweite Mal zum Deutschunterricht zu erscheinen und in der jeweils anderen Woche konsequent Mathe zu lernen.

Ich erstellte für diese Tage konkrete Lernpläne oder legte meine Nachhilfe auf diesen Tag, um bestimmte inhaltliche Fragen zu erörtern. Drei Monate vor der Prüfung beschwerte sich eine Kommilitonin über die Struktur und Inhalte des Deutschunter- richts. Und das, obwohl sie in allen Probeklausuren bisher mindes- tens starke 13 Punkte geschrieben hatte. Das einzige Hindernis, was zwischen ihr und ihrem Ziel stand, war Mathematik. Deshalb fragte ich sie: Warum machst du es nicht wie ich und lernst statt- dessen Mathe?

Ihre Antwort hat sich in meinem Gehirn eingebrannt. Sie sagte, das wäre besser und sie habe das auch schon überlegt, aber sie könne das nicht. Ich fragte sie nach dem Warum. „Weil ich damals in der Schule immer geschwänzt habe. Ich kann keiner Unterrichtsstunde fernbleiben, das kann ich mit mir nicht verein- baren, wenn ich jetzt schwänzen würde, hätte ich Schuldgefühle", erläuterte sie mir. „Ich kann das nicht mental steuern. Das ist ein tiefes Gefühl in mir."

Die Frau war 50 Jahre alt, somit ihre Schulzeit eine Ewigkeit her. Und doch war die Schulschwänzerin so in ihr verankert, dass sie nicht in Lage war, heute rational zu handeln. Ich weiß nicht mehr, ob sie im Alter von 16 oder 18 Jahren von der Schule abgegangen war. Heute ist das Jahr 2009, die Schulzeit liegt also 32 Jahre zurück. Damals war Walter Scheel Bundespräsident (aus dem Realschulkurs kannte den keiner). Es gab kein Privatfernsehen in Deutschland und smart war man noch ohne phone. Nicht nur die Welt hatte sich in den letzten 32 Jahren total gewandelt, sondern auch die Schülerschaft. Mit 50 hat man automatisch andere Erfahrungen, Werte, Perspektiven, Fähigkeiten, Stärken und Motivationen als die jugendliche Version von uns. Unsere persönlichen Glaubenssätze, die sich in unserer Vergangenheit gebildet haben, sind hingegen oft tief in unserer Persönlichkeitsstruktur manifestiert.

Die Abschlussprüfung in Deutsch bestand die besagte Kommilitonin mit sagenhaften 15 Punkten. In Mathe fiel sie hingegen sang- und klanglos durch. Das Erstaunliche: Obwohl es ihr intellektuell ganz klar war, was sie genau tun muss, um ihr Ziel zu erreichen, war sie emotional nicht in der Lage, rational zu handeln. Oberflächlich betrachtet sind diese Kommilitonin und der Kommilitone aus dem Beispiel in Kapitel zwei an ihren mangelnden Mathematik-Fähigkeiten gescheitert. In Wirklichkeit sind beide daran gescheitert, dass sie ihr aktuelles individuelles Entwicklungsthema nicht adäquat bearbeitet haben. Es ging nicht darum, dass sie Mathematik-Genies werden, sondern lediglich darum, persönlich ein Niveau zu erreichen, um die Klausur mit mindestens fünf Punkten zu bestehen. Das Potenzial dafür hatten beide. Dass sie nicht in Lage waren, dieses Level zu erreichen, lag bei ihm an der fehlenden Selbstreflexion und bei ihr an den Glaubenssätzen sowie Mustern der Vergangenheit.

Die genaue Analyse zeigt, dass Menschen in Entwicklungsprozessen nicht an den Inhalten oder ihrer Intelligenz scheitern, sondern an der Entwicklung. Zurück zur Kategorie Scheitern an der Vergangenheit: Sich nicht von alten Mustern und Glaubenssätzen emotional lösen zu können, obwohl man weiß, dass dies rational nicht erklärbar ist, ist ein weit verbreitetes Phänomen.

Ade, ihr alten Glaubenssätze!

Ein Kommilitone berichtet, dass seine Eltern damals nicht wollten, dass er das Gymnasium besucht. Sie meinten, er würde es eh nicht schaffen. Und er sollte besser eine Ausbildung machen. Er hatte dies in sich abgespeichert. Motto: Ich kann das nicht, ich bin nicht gut genug dafür. Auch er scheiterte, weil er die alten Glaubenssätze zur Realität erklärte. Die Bearbeitung der persönlichen Glaubenssätze und Muster der Vergangenheit ist also von zentraler Bedeutung, um Veränderungsprozesse positiv zu gestalten.

Meine sahen so aus: Ich bin nicht wie die anderen, ich kann nicht schreiben, ich kann nichts. Wobei aus heutiger Perspektive ganz klar meine Legasthenie in Kombination mit einer grafomotorischen Störung die zentralen Faktoren waren. Schreiben, das war 36 Jahre lang keine Option für mich. Nicht einen Gedanken verschwendete ich in den drei Jahrzehnten daran, und so stellte ich folgerichtig die regelmäßige Erledigung der Hausaufgaben bereits in der vierten Klasse ein.

Ich erinnere mich an eine Situation in der sechsten Klasse der damaligen Orientierungsstufe. Ich war übrigens komplett orientierungslos. In Deutsch hatten alle die Hausaufgabe, sich eine Geschichte auszudenken und diese dann im Unterricht vorzustellen. Ich zögerte es so lange heraus, bis alle anderen ihre Geschichten präsentiert hatten. Es war nun klar: Am nächsten Tag bin ich unausweichlich dran. Ich hatte keinen einzigen Satz oder Gedanken notiert, und es kam mir auch weiterhin nicht in den Sinn, etwas aufzuschreiben. Ich ging den gesamten Nachmittag und Abend durch unsere Wohnung, erdachte eine Geschichte und lernte sie parallel auswendig.

Zittern beim Vortrag – eine Grenzerfahrung

Am nächsten Morgen war ich total angespannt, mir war übel, und ich war ganz unruhig vor Nervosität. Als ob die ganze Last der Welt auf meinen Schultern ruhte, so fühlte ich mich. Mit kleinen Schritten schlich ich förmlich zur Schule, um möglichst viel Zeit zu schinden. Doch die Uhr ließ sich nicht anhalten. Aber solange die Lehrerin den Klassenraum noch nicht betreten hatte, hoffte ich auf ein Wunder. Vielleicht war sie ja über Nacht erkrankt oder hatte vergessen, dass ich heute vortragen sollte. Dann betrat sie das Klassenzimmer. Wie vom Blitz getroffen begann ich plötzlich zu zittern. Nicht wegen des Inhalts meiner ausgedachten Story, sondern wegen meines leeren Blattes. Ich machte mir keine Sorgen um die Note oder ob die Lehrerin die Geschichte gut oder schlecht fände. Mein gesamter Fokus war darauf gerichtet, die Geschichte so zu erzählen, als ob ich sie ablesen würde. Verbunden war die Hoffnung, dass niemand erkennt, dass das Blatt vor mir leer ist und mich verrät. Mein Herz pumpte spürbar. Meine Beine und Hände zitterten. Mir wurde so heiß. „Sprich nicht zu schnell, mach zwischendurch eine Pause und vergiss bloß nicht, immer wieder auf dein Blatt zu schauen", sagte ich mir.

Dann ging es los. Während ich meine Geschichte imaginär vorlas, schielte ich zu den anderen. Hat jemand etwas gemerkt? Gott sei Dank nicht. Die Kommentare der Lehrerin nahm ich gar nicht wahr. Ich wollte nur hinaus aus dem Klassenzimmer. Als Fluchtweg wählte ich den Toilettengang. Dort angekommen, hockte ich mich hin. Ich zitterte wie ein Junkie auf Entzug. Die Anspannung entwich langsam aus meinem Körper. Überlebt, das war der einzige Gedanke in mir. Letztlich bekam ich eine Drei für die Geschichte. Das war für mich aber bedeutungslos. Für mich ging es ausschließlich darum, den Moment zu überleben.

Es gab so etwas wie ein inoffizielles Agreement zwischen mir und dem Lehrerkollegium. Die Lehrer hielten mich für zu dumm, selbst zu schreiben. Im Gegenzug interessierte ich mich weder für ihren Unterricht noch für ihre Benotung. Das Nicht-Schreiben-Können war mein Gefängnis und damit untrennbar verknüpft das Versagen in der Schulbiografie. Nicht schreiben bedeutete, dass all das, was in meinem Kopf los war, nicht transportiert werden konnte. Also Inhalte, Geschichten und Ideen befanden sich in einer Art gedanklicher Isolationshaft. Es gab wenige Situationen, in denen die Möglichkeit bestand, etwas aus meinem Kopf herauszulassen. Von der Orientierungsstufe fallen mir nur zwei Situationen ein: europäische Hauptstädte und unregelmäßige Verben.

Ein fremdes Leben leben – Schluss damit

Zu diesen Inhalten haben wir Eckenraten im Unterricht gespielt. Es war trostlos für mich. Wenn ich dran war, kam kein anderer

Mitschüler mehr zum Zuge bis zum Unterrichtsende. Natürlich war es eine Möglichkeit, sich mündlich einzubringen, aber das erschloss sich mir damals nicht. Und so ist ein Auseinandersetzen mit den Mustern und Glaubenssätzen der Vergangenheit auch Identifizierung und Bewusstmachen der Lebensthemen. Weil das zentrale Thema prozesshaft die anderen „Dinge" auslöst, ist es wichtig, genau zu analysieren. Letztlich – und das wurde mir erst jetzt bewusst – ist der Punkt, der mein Leben zentral beeinflusst hat, meine Legasthenie. Schulschwänzer und Schulversager sind die Produkte, und diese zogen dann immer weitere Kreise. Aus Mangel an Schlüsselqualifikation entstand eine Berufsbiografie, die mir nicht entsprach. Ein Beruf, der keine Berufung ist, macht mittel- und langfristig unglücklich. Wenn diese Emotion, ein fremdes Leben zu leben, dauerhaft besteht, macht sie krank.

Ich habe LRS immer als eine Behinderung im wörtlichen Sinne wahrgenommen. Wirklich beschäftigt hatte ich mich mit der Thematik nicht, ganz im Gegenteil, ich habe immer viel Energie dafür verwendet, die Thematik zu verbergen. Für mich war klar: Ich kann nicht schreiben, alle anderen können das schon, zwei verschiedene Welten in einem Klassenraum. Meine Herausforderung bestand darin, die täglichen Stunden in der Parallelwelt zu überleben. Während sich die anderen Kinder auf die Urlaubsreisen in den Sommerferien freuten, galt meine Freude dem Umstand, sechs Wochen keinen inneren Druck aushalten zu müssen und einfach unbeschwert ich sein zu dürfen. Meine „LRS-Gene" waren übrigens so dominant, dass ich sie an meine beiden Söhne weitervererbt habe.

Immer nur Defizite! Wer betont die Stärken?

Ich lernte, dass es sich bei einer Legasthenie nach der Internationalen statistischen Klassifikation der Krankheiten und verwandter Gesundheitsprobleme (ICD ist das wichtigste, weltweit anerkannte Klassifikationssystem für medizinische Diagnosen) um eine „Teilleistungsstörung" handelt. Ich sehe den Begriff kritisch, doch kann er dazu dienen, sich zu positionieren. Als mich in einer überfüllten Fußgängerzone ein Mensch vom Typ Bodybuilder anrempelte, sich empört umdrehte und mit hochrotem Kopf fragte „Ey, bist du behindert?", antwortete ich: „Sorry, das ist ein Missverständnis, ich habe nur eine Teilleistungsstörung." Zu wissen, was man nicht ist, hat auch etwas Befreiendes. Trotzdem würde ich allen (jungen) paarungswilligen Legastheniker-Männern raten, beim ersten Date nicht zu sagen „ich habe eine Teilleistungsstörung". Das wird leicht falsch verstanden. Bei dem Begriff steht ein Defizitdenken im Vordergrund. Das ist leider sehr weit verbreitet. So lernte ich eine Studentin kennen, die auch LRS hat. Im Gespräch sagte sie zunächst: „Mich hat es nicht so eingeschränkt wie dich." Als wir uns detaillierter unterhielten, wurde deutlich, dass erst der Wechsel auf ein künstlerisches Gymnasium ihr das Abitur ermöglichte. Die Zeit davor war schulisch negativ geprägt. Darüber hinaus machte sie sich intensiv Sorgen, wie es nach dem Studium im Berufsleben werden solle. Da müssen zum Beispiel die Texte im Arbeitsalltag sofort abgeschickt werden, ohne dass jemand Korrektur liest. Das machte ihr große Angst. Sie berichtete mir, dass sie mit Hilfe eines Germanistik-Studenten versuchte, ganz kleinteilig zu verstehen, warum sie diese oder jene Fehler macht. Am Ende des Gespräches denke ich mir, dass die Legasthenie sie viel mehr einschränkt als sie wahrhaben möchte. Sie ist voll fokussiert auf ihre Defizite. Stärken werden nicht berücksichtigt. Und genauso ist leider auch der Blick von Lehrerschaft, Dozentinnen und Dozenten sowie Therapeutinnen und Therapeuten auf Menschen mit Legasthenie.

Das Thema LRS fehlt im Lehramtsstudium

Das ganze Bildungssystem und die Gesellschaft sind in diesem Punkt schlecht aufgestellt. Warum sagt man im Jahr 2017 zu einem Schüler mit einer grafomotorischen Störung in der Hand: „Deine Schrift ist so schlecht, die kann ich nicht lesen"? Bei jedem Lehrerwechsel geht es wieder von vorne los. Kommunizieren Lehrerinnen und Lehrer eigentlich miteinander? Wie sieht es aus mit der Weitergabe zentraler Informationen? Ist Inklusion lediglich ein baulicher Aspekt mit einer Rampe für Rollstühle als einzigem Merkmal? Wer seine Kinder auf der Reise durch das Bildungssystem begleitet, kann viele unvergessliche Momente erleben. Eine neue Klassenlehrerin erzählte zu Beginn des Schuljahres der versammelten Elternschaft, sie sei für alle Themen ansprechbar. Als Beispiel nannte sie LRS und berichtete, ihre persönliche Sicht auf die Legasthenie habe sich im Lauf ihrer Berufsjahre gewandelt. Während sie lange Zeit dachte, die betroffenen Schülerinnen und Schüler müssten halt einfach mehr üben, wüsste sie jetzt: Das ist nicht so.

Als Legastheniker und Vater von Legasthenikern weiß ich nicht, ob ich lachen oder weinen soll. Und ich nehme das der Lehrerin nicht persönlich übel. Die Frage ist: Warum haben Lehrerinnen und Lehrer in der Regel keine (richtigen) Informationen über LRS? Nach Schätzungen sind etwa acht Prozent der Bevölkerung in der Bundesrepublik Legastheniker. Das Thema gehört also zwingend ins Lehramtsstudium. Aktuell hängt alles von persön-

lichen Bewertungen, Einschätzungen, Erfahrungen und Sicht-
weisen der jeweiligen Lehrerkraft ab. Es gibt auf der einen Seite
also eine Klassifikation nach ICD als Teilleistungsstörung und
auf der anderen ein Bildungssystem, dessen Umgang damit von
Willkür geprägt ist. Dazu ein weiteres Beispiel von einem Schul-
direktor: Er antwortete auf den schriftlich gestellten Nachteilsausgleich für meinen Sohn über Wochen nicht. Als ich ihn dann
persönlich darauf ansprach, sagte er: „Ja, den habe ich erhalten
und dann abgeheftet." Ist das nicht unglaublich? Weggeheftet!
Auf unsere Nachfrage bekannte er schließlich: „Ich wusste nicht,
was ich damit machen soll."

Besondere Fähigkeiten mit Legasthenie

Ich habe über die Jahre in der Selbstanalyse sowie durch intensive
Gespräche mit anderen Legasthenikerinnen und Legasthenikern
festgestellt, dass es nicht nur eine so genannte Teilleistungsstörung gibt, sondern dass es zum persönlichen Ausgleich auf der
anderen Seite besondere Fähigkeiten bei uns gibt. Analytisches
Denken, Sachverhalte schnell erarbeiten, besondere Kreativität
in verschiedenen Bereichen, Kommunikation, große Mengen
an Informationen und Bildern speichern – das alles sind unsere
Fähigkeiten, die immer wieder deutlich werden.

Deshalb halte ich es für absolut wichtig, seine eigene Definition dieser „Teilleistungsstörung" entgegenzustellen. Lehrerschaft, Therapeutinnen und Therapeuten sowie Ärztinnen und
Ärzte sind meistens „Defizit-Experten". Wir müssen lernen,
unsere eigenen Stärke-Experten zu werden. So lautet meine Definition: Legasthenie ist für mich ein Fähigkeitenkreis mit einen
Minus- und einem Pluspol. Nur wenn der Minuspol (die Teil-

leistungsstörung) mit dem Pluspol (den besonderen Fähigkeiten) verbunden ist, entsteht ein funktionierender Kreislauf. Wenn dies nicht gewährleistet ist, wird die Leistung des Kreislaufs in Teilen gestört. Das Problem besteht darin, dass der Minuspol im Alltag ganz automatisch sichtbar wird, während jede und jeder die ausgleichende Komponente – die besonderen Fähigkeiten – selbst sichtbar machen muss.

In Bezug auf viele Menschen mit Legasthenie, die ich kenne, würde ich es in Anlehnung an Debatten im Deutschen Bundestag so formulieren: „Es gilt das gesprochene Wort". Was andere in Form von Texten formulieren oder publizieren, findet bei mir „ersatzweise" im Kopf statt. So haben wir die Fähigkeit, große, komplexe Inhalte, detailliert und strukturiert im Kopf zu verarbeiten und zu speichern. Diese können wir dann mit Leidenschaft und Enthusiasmus mündlich darbieten. Wir können andere massiv zutexten. Das Problem besteht darin eher bei den anderen. Menschen ohne LRS sind in der Regel nicht in der Lage, soviel Input im Detail direkt zu verarbeiten. Sie können ab einem bestimmten Punkt nicht mehr folgen. Aussagen wie „der redet immer so viel, der hat einen erhöhten Redebedarf, hör mal auf zu reden, komm auf den Punkt" bedeuten übersetzt: Fähigkeiten, die bei Menschen mit Legasthenie häufig stark ausgeprägt sind, werden direkt negativ bewertet, weil sie die anderen überfordern. Unsere besonderen Fähigkeiten werden also meist nicht positiv wahrgenommen. Einer meiner Söhne hat, als er noch jünger war, diese Diskrepanz sehr gut für sich erkannt. Bevor er Erwachsenen detailreich ein ihm wichtiges Thema näherbrachte, meinte er einleitend: „Jetzt hör mir mal sehr gut zu!" Er hat schnell gemerkt, dass viele Erwachsene eine Art Teilleistungsstörung haben.

Es geht im Folgenden um eine Strategie, nicht an der Vergangenheit und ihren alten Glaubenssätze sowie Mustern zu scheitern. Dazu gehören drei Phasen.

1. Bewusstmachung

Zunächst geht es darum, nachhaltig zu verstehen: Es gibt etwas aus Ihrer Vergangenheit, was Sie bei der Gestaltung der Zukunft behindert. In der Regel ist es jedem grundsätzlich klar, aber die emotionale Struktur hinter dem alten Muster und den überkommenen Glaubenssätzen hat so eine intensive negative Kraft, dass wir uns selbst sabotieren. Intellektuell haben Sie dieses Dilemma zwar identifiziert, allerdings sind Sie emotional unfähig, die Konsequenzen aus dieser Feststellung zu ziehen. Dieser Umstand führt zu einer Hilflosigkeit, die Sie zunächst auf Ihrem Weg scheitern lässt sowie mittel- und langfristig zur Frustration führt. Deshalb ist es nötig, den Unterschied unserer Persönlichkeit zwischen damals und heute klarer herauszuarbeiten. Im ersten Schritt stelle ich zunächst einige Kriterien tabellarisch gegenüber: Alter, Erfahrungen, Fähigkeiten, Motivation, Selbstwahrnehmung, Lebensthema und Ziele.

Veränderungen meiner Muster und Glaubenssätze

	Der Schulversager mit 16 Jahren	Der Schüler auf dem zweiten Bildungsweg mit 37 Jahren
Motivation:	den Schultag überleben	hochmotiviert und fokussiert
Ziele im Leben:	keine	klar und präzise formuliert
Selbstwahrnehmung:	Ich kann nichts	genaues Bild von meinen Stärken und Schwächen
Erfahrung:	Ich bin nicht wie alle anderen	Und trotzdem kann ich alles erreichen
Fähigkeiten:	sportlich	Kreativität, Analyse, selbstreflektiert
Lebensthema:	Ich wusste nicht, dass ich eins habe	Das Lebensthema emotional und intellektuell verstanden

Raum für eigene Muster und Glaubenssätze

	Ich vor _____ Jahren	Heute
Meine Motivation:		
Meine Ziele im Leben:		
Meine Selbstwahrnehmung:		
Meine Erfahrung:		
Meine Fähigkeiten:		
Mein Lebensthema:		

Beispielhaft zeige ich vorstehend meine Tabelle, in der ich den Schulversager aus den 1980er-Jahren mit dem Schüler auf dem zweiten Bildungsweg 20 Jahre später vergleiche.

Durch diese einfachen Gegenüberstellungen wird deutlich, dass der Schüler aus der Vergangenheit und die aktuelle Version nichts gemeinsam haben. Diese komprimierte Übersicht schaffte bei mir eine große Klarheit. Durch ihre bildhafte Kraft kann ich sie gut emotional verknüpften. Das Problem: Aus der (prägenden) Vergangenheit poppen so viele Erinnerungen, Bilder und Emotionen auf, dass sie die wenigen neuen schnell wieder überlagern. Deshalb ist es im nächsten Schritt notwendig, das neue Ich tief zu verankern.

2. Manifestieren der eigenen Fähigkeiten

Auf Grundlage der Aufstellung in der ersten Phase schreiben Sie bitte jetzt einen Brief an sich, auf schönem Briefpapier, nicht auf einen Schmierzettel. Schildern Sie ganz detailliert, was Sie heute als Mensch ausmacht, wo Sie im Leben noch hinwollen, warum Sie das erreichen wollen, wie Ihre persönlichen Ziele lauten und was Sie damit positiv für ihr Leben verbinden. Schicken Sie sich den Brief ganz regulär per Post mit Briefmarke und Zustellung. Lesen Sie ihn dann noch einmal. Setzen Sie sich in Ruhe hin und lesen ihn aufmerksam, als hätten Sie ihn noch nie gesehen. Lassen Sie den Inhalt des Briefes ein paar Tage in sich arbeiten, setzen Sie sich hin und formulieren drei Glaubenssätze. Es dürfen natürlich auch mehr sein, wenn Sie mehr in sich tragen.

Meine drei Glaubenssätze:

1. Alles, was ich zu 100 Prozent will, schaffe ich auch.
2. Ich verfüge über spezielle Fähigkeiten, die mich positiv von anderen unterscheiden.
3. Mich fortlaufend zu verändern und weiterzuentwickeln, fällt mir leicht.

Und dann müssen diese Sätze Teil Ihres Alltags werden. Das ist ganz zentral. Schreiben Sie Ihre Glaubenssätze auf und hängen Sie diese beispielsweise an den Kühlschrank. Oder Sie sprechen eine Audionachricht, die Sie täglich beim Zähneputzen oder während der Bahn- oder Autofahrt hören. Sie können sich auch täglich zur gleichen Zeit vor den Spiegel stellen und die Glaubenssätze laut sagen. Der Umsetzung sind hier keine Grenzen gesetzt. Wichtig ist, dass Sie konsequent und regelmäßig die Glaubenssätze in Ihre täglichen Abläufe integrieren, bis sie sich als Routine verselbstständigt haben. Es geht nicht darum, dass Sie sich irgendwelche positiven Botschaften einreden, sondern das, was Sie bereits in sich haben, ins Bewusstsein zu rufen. Es handelt sich hierbei um eine Art Brückenfunktion. Im Laufe Ihres persönlichen Veränderungsprozesses kommt irgendwann ganz automatisch der Punkt, ab dem Sie die aktuell neu gelernten und entwickelten Fähigkeiten, Kompetenzen und Persönlichkeitsstrukturen als Ihre Basis verinnerlicht haben. Meine Erfahrung: Je weiter weg Ihr Ziel ist, umso länger dauert es, bis Sie dies Stadium erreicht haben. Bis

dahin hilft Ihnen diese Methode, nicht in alte Glaubens-
muster zurückzufallen und zu scheitern.

3. Geschichtsschreibung versus Utopie

So wie Sie unter Punkt 2 die neuen Glaubenssätze in den
Fokus Ihres Lebens stellen, müssen Sie jetzt noch Ihrer
Vergangenheit den adäquaten Platz zuweisen. Erstellen Sie
Ihr eigenes Geschichtsbuch, kaufen Sie sich ein kleines Heft
dafür. Kleben Sie Fotos aus unterschiedlichen Lebensphasen
ein, die für Sie von Bedeutung sind. Notieren Sie dazu, wie
Ihre Glaubenssätze in der jeweiligen Zeit aussahen.

Glaubenssätze der Vergangenheit – Beispiele von mir:
Ich kann nicht schreiben.
Es ist eh alles sinnlos.
Zeichnen Sie ein komplettes Bild der Person, die Sie
damals waren. Die schönen und die schlechten Momente,
Gedanken, Gefühle und Ereignisse – alles aus der jeweiligen Lebensphase. Was war Ihnen damals wichtig, wer
oder was haben diese Jahre geprägt? Ob das Buch aus zwei,
vier oder acht Phasen besteht, ist unwichtig. Wichtig ist, zu
akzeptieren, dass alles damals seine Berechtigung hatte,
denn letztlich haben die verschiedenen Entwicklungs-ICHs
Sie dahin gebracht, wo Sie heute stehen. Ihre Vergangenheit soll den Platz bekommen, der ihr zusteht. Jetzt sind
Ihre Gedanken frei, um sich mit der Zukunft zu beschäftigen. Sie sind Ihr Chefplaner oder Ihre Chefplanerin!

Welche persönliche Utopie bewegt Sie? Formulieren Sie Ihre Wünsche und Träume in Ihren Gedanken genauso, wie Sie diese empfinden, auch wenn Sie sich aktuell (noch) nicht konkret vorstellen können, wie diese Ziele zu erreichen sind. Der einzige Grund, warum Ihnen das Ziel utopisch erscheint, ist Ihre begrenzte Weitsicht. Das ist vollkommen okay! Ihre Vergangenheit bleibt immer und unveränderlich Ihre Vergangenheit. Eine persönliche Utopie bedeutet immer eine Chance, die eigene Zukunft selbst zu gestalten. Deshalb benötigen Sie mental weniger Vergangenheit und mehr Utopie.

Ängste und Strukturen der Vergangenheit loslassen, alte Denk- und Handlungsmuster überwinden, Raum für Neues schaffen – das drückt auch der Song „Elektrisches Gefühl" der Band Juli ganz wunderbar für mich aus:

Auch wenn mich 1000 Sorgen quälen
Und sie mich nach unten ziehen
Es ist besser loszulassen
Als dran kaputt zu gehen

Ich nehme, was mir Angst macht
Und schreib es auf Papier
Ich zünd es an und lass es brennen
Ich lass es hinter mir

Alles um mich herum pulsiert

Ich spür den Schmerz nicht mehr
Der Boden, die Wand, der Raum vibriert
Ich bin wieder unbeschwert
Elektrisches Gefühl
Ich bin völlig schwerelos
Elektrisches Gefühl
Wie beim ersten Atemzug
Elektrisches Gefühl
Und die Stimme, die mir sagt
Heute wird ein guter Tag…
…heute wird ein guter Tag…

Alles, was dich runterzieht
Alles, was dein Herz lahm legt
Lass es los, Lass es los, Lass es los
Alles, was nicht wichtig ist,
Alles, was nicht richtig ist
Lass es los, Lass es los, Lass es los

Auszug aus „Elektrisches Gefühl" / Band Juli /Songwriter: Eva Briegel /
Simon Triebel, © EMI Music Publishing / 2010 / Label Island

Neues Ziel: erweiterter Realschulabschluss

Um meine Vergangenheit im Buch der Geschichte zurückzulassen und meine Utopie Realität werden zu lassen, musste ich jetzt den ersten konkreten Schritt gehen. Ich wollte die Prüfungen für den erweiterten Realschulabschluss erfolgreich gestalten. Damit sollten sich die Erfolge mental manifestieren und das Versagen aus der Regelschule überschreiben. Ich versuchte, die

Prüfungen strategisch anzugehen, um den nötigen Notendurchschnitt von 3,0 in den Hauptfächern zu erreichen. Die mögliche Abwertung der Abschlussklausuren durch Rechtschreibfehler sowie die Angst, wegen meiner grafomotorische Störung in der Hand zu langsam zu schreiben, waren die großen Unbekannten für mich. Ich wappnete mich und führte ein Arsenal an Dingen für die Prüfungen mit mir. Dazu gehörten: ein Brötchen, ein Schokoriegel und Wasser für die Grundversorgung, Cola für den Fall, dass ich müde würde, Traubenzucker, falls die Konzentration nachlassen sollte, Nasenspray, falls ich plötzlich ein verstopftes Nasenloch haben sollte. Außerdem Taschentücher, Pflaster, einen Ersatzfüller, sechs Patronen zum Wechseln sowie für Mathematik zwei Lineale, drei (!) Taschenrechner und vier Geodreiecke und natürlich meine Glücks-Chucks.

An jedem Prüfungstag lief bei mir das gleiche Ritual ab. Zunächst türmte ich die Lebensmittel und Materialien auf meinen Tisch auf. Dann warf ich einen Blick auf meine Chucks und sagte leise: Ihr müsst mir jetzt helfen. In Deutsch war das Ziel, eine Zwei in der schriftlichen Prüfung zu schaffen. Zum einen war das wichtig, um eine Vier in einem der anderen Hauptfächer ausgleichen zu können, zum anderen würde ich mir auch eine mündliche Prüfung ersparen. In der Prüfungsklausur hatte aber irgendwie meine Frustration über die wahrscheinliche Abwertung durch meine Rechtschreibung gesiegt. Ich war zwar total froh, dass es jetzt endlich alles vorbei war und ich mich nur noch auf einen Kurs konzentrieren muss. Aber ich spürte einen Widerstand in mir. Es war eine Mischung aus Trauer und Wut, immer wieder das Gefühl, es dreht sich nicht darum, was ich kann, sondern darum, was ich nicht kann.

Aus dem Gefühl der Machtlosigkeit heraus interpretierte ich lustlos vor mich hin. Der Text war nicht so anspruchsvoll, aber mir fehlte komplett die positive Einstellung. Bockig dachte ich mir: Schlechter als eine Drei wird es eh nicht. Später am Abend ärgerte ich mich unheimlich über meine unmotivierte Passivität. Mental und emotional ein suboptimaler Start in die Prüfungs-woche. Ich ahnte, dass diese Leistung nicht reichen würde, um eine Zwei zu schreiben. Meine Prüfungsarbeit war die schlech-teste Note in Deutsch innerhalb des Schuljahres, und so musste ich in Deutsch doch eine mündliche Prüfung ablegen. Einen Tag später in der Englischklausur sah es hingegen ganz anders aus. Ich war total fokussiert und bis in die Haarspitzen angespannt. Adrenalin durchströmte meinen Körper und sorgte dafür, dass ich hellwach und hochmotiviert war. Ich hatte totale Panik vor einer mündlichen Prüfung in Englisch. Gewissenhaft prüfte ich, welche der drei Auswahlklausuren in der Gesamtbetrachtung sich für mich am besten bearbeiten ließ. Ich arbeitete konzen-triert jede Aufgabe ab, quälte mich durch den Übersetzungsteil und kämpfte um jeden Punkt. Ich benötigte eine Drei, und ich schaffte eine Drei. Der Horror einer mündlichen Englischprüfung blieb mir erspart. In Mathematik, das war mir bereits vorher klar, würde es schriftlich auch ein Kampf werden. Zum einen, weil mir Geometrie gar nicht lag und ich zudem ein Thema mangels Kapazität gar nicht gelernt hatte. Zum anderen, weil dank meiner blöden Hand das Zeichnen von Datenkreuzen und Figuren ein einziger zeitfressender Albtraum war.

Die Taktik war klar: In der Arbeit eine Vier schreiben und dann in der mündlichen eine Zwei mit meinem Lieblingsthema „Quad-ratische Funktionen" hinlegen. So könnte ich zusammen mit der

Vornote eine Drei erreichen. Auch hier prüfte ich genau, welche der drei Auswahlklausuren aus meiner Sicht erfolgversprechend war. Wie ich es auch drehte und wendete, für mich waren alle Optionen gruselig. Der Anteil der Themenkomplexe, die ich gut konnte, waren in allen drei Versionen unterrepräsentiert. Ich musste mehr um jeden Punkt kämpfen, als mir lieb war. Doch wie bereits am Tag zuvor in Englisch waren Einstellung und Motivation prüfungswürdig, und ich schaffte die Vier in der Klausur. Als schriftliches Prüfungsfach in den Nebenfächern hatte ich natürlich Geschichte gewählt. Aber auch hier war ich wie in Deutsch nicht besonders motiviert durch die Aussicht, wegen der Rechtschreibfehler abgewertet zu werden. Schon während des Verfassens haderte ich mit meiner Leistung. Das kann doch nicht wahr sein, ich war wütend auf mich, schaffte es aber auch nicht, den Schalter umzulegen. Meine Hand hatte auch keinen guten Tag erwischt. So rang ich noch um jedes Wort, während die anderen ihre Klausuren schon längst abgeben hatten.

Zu Hause war ich am Boden zerstört, ärgerte mich sehr über mich und erwartete eine Drei, da war ich mir ganz sicher. Tatsächlich schrieb ich eine Eins. Ich konnte es nicht glauben und fragte nochmal nach. Wahnsinn: In jeder Klausur alles Rot in Rot mit dem Hinweis, in der Prüfungsklausur werde abgewertet. Und in der Prüfungsklausur schaffe ich es dann mit deutlich weniger Fehlern. Unvorstellbar! Ich konnte mir absolut nicht erklären, wie ich das erreicht hatte.

Eine mündliche Prüfung musste ich in fünf Fächern ablegen. Sorgfältig und gewissenhaft erstellte ich Lernzettel für alle Fächer. Ich wusste ganz präzise, welche Inhalte relevant waren.

Einer perfekten Vorbereitung stand nichts im Wege, außer der Umstand, dass ich mich einfach nicht motivieren konnte. Die Unterlagen waren ausgebreitet, manchmal zwang ich mich, etwas zu lesen, das gelang mir aber nur sporadisch.

Am Morgen des Prüfungstages bin ich zwar angespannt aber noch nicht in Panik. Von den fünf Prüfungen sind Deutsch und Mathe besonders wichtig. Vor Ort erfahre ich, dass mein Tag mit der Deutschprüfung beginnt. Ich brauche eine Zwei, dann ist das Thema Sekundarabschluss II eingetütet. Ich spüre eine positive Anspannung. Ein Text zur Interpretation liegt mir, das wird schon. Im Vorbereitungsraum angekommen, öffne ich schnell den Umschlag und überfliege den Text ein erstes Mal. Was für ein blöder Text! Ich lese den Text immer wieder und wieder, bekomme aber keinen Zugang. In mir steigt Panik auf. Ich spüre deutlich, wie ich verkrampfe, sich mein Magen zusammenzieht. Mein Herz schlägt bis zum Hals, ich beginne zu schwitzen. Eine Adrenalinwelle zieht über mich. Was soll ich bloß tun?

In der allerletzten Minute der fünfzehn für die Vorbereitungs-phase reiße ich innerlich den Schalter um. Ich beschließe, mir auf den Weg nach unten zum Prüfungsraum eine persönliche Geschichte auszudenken, die zu diesem Text passt. In diesen Sekunden schließe ich einen Pakt mit mir selbst: Ich werde diese Gebäude nicht ohne den Sekundärabschluss II verlassen, egal was heute noch passiert oder was ich dafür tun muss. Und so erzähle ich den Prüfern, was sie hören wollten, eine Geschichte (die angeblich) mit meiner persönlichen Situation zu tun hat. Es fühlt sich in diesem Moment an, als ob ich um mein Leben kämpfte, und irgendwie war es auch so. Nachdem die Zwei in Deutsch feststeht, bin ich wie befreit, und die weiteren Prüfungen laufen in einer Art Flow.

Die Zweitprüferin in Mathematik, die ich vorher noch nie gesehen hatte, bedankte sich bei mir für die tolle Prüfung. Meine letzte Prüfung an diesem Tag war in Biologie. Nachdem die Lehrer ihre Eröffnungsfrage gestellt hatten, redete ich mich in einen Rausch und stellte alle relevanten Fragen einfach selbst und beantwortete sie im gleichen Atemzug. Die Eins in Bio war somit der Endpunkte in diesem Schuljahr. Ich erinnere mich noch an die Worte der Vorsitzenden des Prüfungsausschusses, als sie mir mein Abschlusszeugnis überreichte: „Von Eins bis Drei alles dabei." Letztlich lag mein Durchschnitt in den Hauptfächern bei 2,666 und der in den Nebenfächern bei 1,75 – also gesamt 2,1. Vor zehn Monaten konnte ich mir nicht vorstellen, wie ich den 3,0-Schnitt auch nur ansatzweise erreichen sollte, und jetzt gab es nicht mal eine einzige Vier im Zeugnis. Und in Deutsch hatte der Legastheniker sogar eine Zwei geschafft. Das war voriges Jahr noch eine Utopie, einfach für mein Gehirn nicht vorstellbar.

Und so pilgerte ich meinen Schulweg ganz bewusst nach Hause und ließ das Schuljahr Revue passieren. Wie oft hatte ich auf diesem Wege gezweifelt? Hatte mir mein Hirn zermartert – und jetzt hatte ich es geschafft. Ich spürte eine tiefe Erleichterung, aber ich fühlte nicht einen Funken Freude. Was ich dringend brauchte, war eine konkrete Veränderung in meinem Leben. Ich war aber noch immer gefangen in den alten Schlüsselqualifikationen, daran änderte dieser Abschluss null.

Geschafft! Unvorstellbar! Dann das Loch!

Für mich war er nur ein Teil meines Puzzles, das ohne die anderen Teile bedeutungslos war. Was war das für eine Leistung mit 37 Jahren, seinen erweiterten Realschulabschluss auf dem zweiten Bildungsweg nachzuholen? Wem sollte und wollte man das erzählen? Ein Jahr hart gearbeitet, Ziele formuliert und erreicht zu haben, war sicher gut. Aber sich am Ende nicht mit positiven Emotionen belohnen zu können, das war eine kaum zu ertragende Situation. Dieses emotionale Loch fühlte sich wie eine brutale Niederlage an. Aber ich beschloss: Wenn ich irgendwann meinen Bachelor habe, dann tanze ich nackt auf dem Tisch – mindestens.

Kapitel 5

Zwischen den Welten

WARUM ANDERE UNS ABLEHNEN – DEN MECHANISMUS
ERKENNEN UND KNACKEN. WIE ERREICHE ICH MEIN ZIEL
(DAZU MEINE FORMEL).
UND DANN DAS UNHEIMLICHE GEFÜHL, ES ZU SCHAFFEN.
WAHNSINN!

Keine Zeit. Manchmal produziert mein Gehirn diese Warnung. Aktuell galt der Hinweise dem drohenden mentalen Loch. Der Abschlusstag war somit ein klarer Fall für mein „One Fucking Day"-Prinzip, allerdings in der Champions-Edition, sprich statt einem Glas eher eine ganze Flasche Wein und damit verbunden – ausnüchterungsbedingt – ein erweitertes Zeitfenster von 48 Stunden. Nach diesem minimalen Break führte mich der Zeitdruck direkt in die Analyse des vergangenen Schuljahrs. Am Ende eines Prozesses bedarf es einer Erfolgskontrolle bezüglich des Einsatzes der Mittel, der Resultate und der Ziele. Was sich wie ein Merksatz aus dem BWL-Studium anhört, ist in Wirklichkeit ein Gebot für jegliche Prozesse, auch die der persönlichen Entwicklung. Kleinteilig evaluierte ich jedes einzelne Fach nach verschiedenen zu reflektierenden Parametern. Meine Leitfragen waren: Wie war der Entwicklungsprozess? Waren meine Einschätzungen und Bewertungen überwiegend richtig? Habe ich die notwendigen Handlungen zielorientiert umsetzen können? Habe ich kontinuierlich meine Stärken und Ressourcen eingebracht? Wenn nein, warum nicht? In welchem Fach wäre aus heutiger Betrachtung eine bessere Note möglich gewesen? Welche Veränderungen in meinem Denken und Handeln hätte ich benötigt? Ist es richtig, den Fokus auf meine eigene Herangehensweise zu setzen? Welche neuen Perspektiven ergeben sich aus der Betrachtung des letzten Schuljahres?

Fragen an mich in Dauerschleife

Unabhängig davon, wo ich mich räumlich befand, egal, was ich scheinbar tat, Essen kochen, Spülmaschine einräumen, gehen, fahren oder duschen: Vierzehn Tage lang lief die Reflexion in Dauerschleife. Immer wieder und wieder ging ich die Thematiken durch. Sind meine Schlussfolgerungen wirklich richtig? Bin ich wirklich ehrlich in der Selbstreflexion? Dann schrieb ich die gewonnene Essenz auf und formulierte konkret Handlungsziele, die sich daraus ergaben. Eine intensive Inhaltsanalyse und Situationsanalyse, eine qualitative (Selbst)-Forschung, deren Zielsetzung es war, so viel konkretes Veränderungswissen wie möglich zu gewinnen. Jetzt war ich wieder aufnahmefähig und bereit, mich mit den aktuellen Herausforderungen zu befassen. Den Fokus nun uneingeschränkt nur auf ein Ziel ausrichten zu können, empfand ich als befreiend nach der Situation der zurückliegenden Monate. Darüber hinaus merkte ich schnell, dass ich nach einem Jahr Übung mich jetzt leichter mit einigen Inhalten tat.

Besonders deutlich zeigte sich dies in Mathematik. Bei bei der Nachhilfe im Realschulkurs handelte es sich um Nachhilfe in Reinkultur. Das bedeutete zu Beginn eines neuen Themas saß ich hilf- und planlos in der Küche meines Mathe-Mentors und hatte wenig Hoffnung. Er musste mir sehr detailliert und wiederholt die Basics vermitteln, damit ich langsam ein Grundverständnis entwickeln konnte. Nach einem Jahr Mathe-Training verschob sich der Charakter der Nachhilfestunden. Primär ging es nun um Lösungswege für schwierige und komplexe Aufgaben sowie um Detailfragen, die sich mir aus dem eigenständigen Lernen ergaben.

Was unverändert blieb, war das (fast) tägliche Erleben, dass die standardisierte Wissensvermittlung in unserem Bildungssystem mit mir nicht kompatibel war. Als ob man versucht, eine MP3 auf einem Plattenspieler zu hören. Was sich damals erst Stück für Stück herauskristallisierte, ist heute Selbstverständnis: Ich bin Autodidakt. Aber im Jahr 2009 war ich noch dabei, dies mühsam zu entdecken, den Umgang damit zu entwickeln und zu verfeinern, bis es letztlich ein Teil meiner (Bildungs)-DNA wurde. Und so saß ich im Mathematikunterricht und war mit einem Thema konfrontiert, das absolutes Neuland für mich darstellte: der Strahlensatz.

Im vorigen Schuljahr gehörte es nicht zum Inhalt, und als das Thema in der Regelschule durchgenommen worden war, schwänzte ich wahrscheinlich. Deshalb hing ich nun motiviert und fokussiert an den Lippen des Dozenten und versuchte, alle Informationen aufzusaugen. Ich war total konzentriert, aber ich verstand null. Er hätte seine Ausführungen auch in Russisch darbieten können – völlig egal. Schnell spürte ich Wut in mir und zwar auf mich. Mit jeder Sekunde fühlte ich mich unwohler. Als wir die ersten Übungsaufgaben aus dem Skript eigenständig lösen mussten, wurde ich panisch. Ich kriegte es nicht hin. Verstohlene Blicke nach rechts und links machten deutlich, dass die Mitschülerschaft keine Probleme bei der Bearbeitung hatte. Ich hatte Panik, dass irgendjemand realisierte, dass ich nur „Bahnhof" verstünde. Mein Kreislauf. Ich kenne ihn in- und auswendig. Seine unerträgliche Art macht ihn so einzigartig.

Seele gegen Wille: Gehen oder bleiben?

In diesen Momenten kommt es zu einer Polarisierung meiner Emotionen. Auf der einen Seite ist da meine Seele, die nicht mehr bereit ist, auch nur noch eine einzige Demütigung dieser Art zu ertragen. Sie fordert mich auf, aus der Situation zu fliehen und mich für immer dort zu verstecken, wo sie sicher ist. Dem gegenüber steht mein Wille, der sich nie wieder verstecken will. Er ist bereit, jeden Preis zu bezahlen, um sich das zu holen, was mir zusteht. Der Fluchtimpuls der Seele hat sich zu einem mächtigen Monster aufgepumpt, das mich drängt wegzulaufen. Doch mein Wille ist noch imposanter und zwingt mich zu bleiben. Verzweifelt schreibe ich alles von der Tafel ab und nehme mir vor, gleich morgen zu versuchen, mir einen Zugang zu erarbeiten. Frustriert, verzweifelt und unendlich traurig über den Umstand, nicht so zu funktionieren wie jeder andere, radele ich durch die Nacht.

Next day – next chance. Nachdem ich die Kinder in den Kindergarten gebracht habe, versuche ich, meinen Zugang zum Thema Strahlensatz über Internetvideos zu erlangen. Nach fünf Filmen habe ich den Eindruck, noch weniger zu verstehen als vorher.

Eigentlich dachte ich, meine Unwissenheit sei gar nicht mehr zu steigern. Es ist zum Schreien. Fünf Stunden später bin ich keinen Zentimeter weiter. Die Kombination aus Verzweiflung, Druck und purer Wut treibt mich in den Wahnsinn. Die negativen Gefühle und Emotionen müssen hinaus, sonst platze ich. So gehe ich in den Keller und trete vor Wut gegen die Wand. Boah, das musste raus, damit ich den Fokus neu aufbauen kann! Schnell die Kinder abgeholt und sie ausnahmsweise direkt vor dem Fernseher geparkt. Mit Skript und Aufzeichnungen bewaffnet ziehe ich mich zurück und versuche erneut, mir das Thema zu erschließen. Und tatsächlich finde ich langsam hinein. Gegen Abend habe ich alle Aufgaben gelöst, auch die schwierigeren. An einem einzigen Tag habe ich mir den kompletten Inhalt zu diesem Thema im Selbststudium beigebracht. Das ist immer wieder ein befriedigendes und erfüllendes Gefühl. Dass mein Weg zum positiven Ergebnis zunächst stets von Verzweiflung, Ängsten, Frustration und Druck geprägt ist, das ist mein individueller Preis, der mich wie ein quälendes Déjà-vu verfolgt. Sobald ich meinen Zugang gefunden habe, ist jede Thematik schnell vertieft.

Die Inhalte sind nicht das Problem, sondern es ist die Bereitschaft, sich freiwillig und bewusst auf den emotionalen Höllentrip zu begeben, um den Zugang zu erreichen – wieder und wieder. Mir wurde täglich deutlicher, dass ich, um meine Ziele zu erreichen, konsequent auf allen Ebenen meinen individuellen Weg gehen muss. Ja, ich muss einfach akzeptieren, dass er so ist, wie er ist. Und so personalisierte ich meinen Weg immer mehr. Hauptkriterien:

a) Was muss **ich** persönlich genau tun, damit ich die Prüfungen bestehe?

b) Wie kann **ich meine** Gesamtsituation am besten händeln?

Legasthenie, grafomotorische Störung und individuelle Lern-zugänge gehören zu meiner Infrastruktur; das kann ich nicht ändern. Was ich aber ändern kann, ist der gezielte Ausbau der persönlichen Infrastruktur. Mentale Klarheit und Strukturiertheit sowie konkrete Zielformulierung waren die Bausteine für (m)eine funktionierende und zukunftsorientierte Infrastruktur.

Die Grundsätze meiner Herangehensweise hatte ich klar definiert. Meine persönliche Formel bezog sich sowohl auf das übergeordnete Ziel (Abschluss der A-Teil Prüfung), als auch auf das untergeordnete Ziel (die einzelnen Fächer). Anwendung der Formel für das übergeordnete Ziel: Anforderungen = 4 x 5 Punkte. Emotional machte mir diese Definition der Anforderung große Probleme, denn je schlechter die Note der Hochschulzugangsbe-rechtigung werden würde, desto mehr Wartesemester drohten mir. Aber bevor ich nicht über ein abgeschlossenes Studium verfügte, änderte sich nichts substanziell an meiner Situation. Und so war die Aussicht, nicht im Sommer direkt mit dem Studium beginnen zu können, meine aktuelle Apokalypse. Rational war diese Ziel-setzung genau richtig, da war ich mir sicher. Es ging primär um das Erreichen der nächsten Schlüsselqualifikation (Zielerrei-chung) und nicht um einen Zeitfaktor. Stärken und Schwächen bezogen sich nicht nur auf die individuellen Kompetenzen und Defizite, sondern auch auf eine Priorisierung der Fächer. Durch das Präferieren zweier Schulfächer ergab sich ganz automatisch eine Strukturierung und Gewichtung der Ressourcen.

Wie viel Kraft für welches Fach?

Deutsch hatte null Priorität, sodass der Rechenweg klar war, und es gab keine Unbekannten in meiner Gleichung. Konkret wusste ich, dass ich eine der Prüfungsformen, die Textinterpretation, auf dem geforderten Niveau so beherrsche (Wissensbestand), dass ich meine Anforderungsdefinition jeder Zeit abrufen kann. Und damit verbunden muss ich null Prozent meiner Ressourcen aufwenden. Ähnliches galt für die mündliche Prüfung zu einem freien wählbaren kulturellen, politischen, gesellschaftlichen oder wirtschaftlichen Thema. Ein Thema zu erarbeiten und zu präsentieren, heißt für mich: Anforderung null (Haken dran).

Meine persönliche Formel für die Zielerreichung:

$$\text{Zielerreichung} = \frac{(\text{Stärken} - \text{Schwächen}) \times \text{Ressourcen}}{\text{Anforderungen}}$$

Aufwand für Ressourcen, Themenwahl und Ausarbeitung sind gering. Und so machte ich an zwei der vier Prüfungsfächer einen Haken (Deutsch und Gesellschaft mit dem für die Mündliche relevanten Thema) und ordnete zehn Prozent meiner Ressourcen diesen Bereichen zu.

Englisch hatte mittlere Priorität. In der Prüfungsklausur würde es darum gehen, einen wissenschaftlichen Text vom Englischen ins Deutsche zu übersetzten. Ich musste nicht Englisch sprechen. Allein dafür liebte ich den Immaturenzugang. Brav setzte ich mich regelmäßige sonntagvormittags hin und übersetzte die Übungstexte, die wir im Unterricht bekamen. Dabei wurde mir deutlich, wie sehr mein Leistungsvermögen von Text zu Text variierte. Fünf Punkte sollten im Normalfall locker drin seien, aber dies war im Gegensatz zu Deutsch nicht sicher. Also noch keinen Haken an die Rechnung.

Mathematik galt aus drei Gründen meine absolute Priorität:
1. Laut Dozent war die Durchfallquote in Niedersachsen über Jahre hinweg konstant hoch.
2. Ein Drittel der Prüfungsaufgaben war nicht mit meinem Gehirn kompatibel.
3. Die Bereiche, die mir lagen, musste ich versuchen zu perfektionieren.

Und so ordnete ich dem Bereich Naturwissenschaft 60 Prozent meiner Ressourcen zu, was übersetzt bedeutete, dass ich täglich, in zeitlichen Variationen, Mathematik übte. Die Antworten, die ich mir nicht selbst erarbeiten konnte, erörterte ich dann in meinem Nachhilfeunterricht.

Kurz vor Weihnachten schrieben wir in Mathe eine Prüfungsklausur zur Probe, die für fast alle eine Zäsur war. Während vorher – abgesehen von den ein bis zwei Mathecracks – eine Form von Verunsicherung hinsichtlich der Prüfung bestand, brach danach Panik aus. Zwei bis drei Mitschüler fragten jetzt alle Nachhilfe an, die Kommilitonin aus dem Beispiel in Kapitel 4 gab ihre Probeklausur nicht einmal ab, da sie von den Inhalten komplett überfordert war. Ihr war bewusst geworden, dass in dem kurzen Zeitraum bis zur Prüfung nur noch ein Wunder helfen könnte.

Die anderen hatten realisiert, dass jetzt trotz Feiertagen und Jahreswechsel die Schlagzahl dramatisch erhöht werden musste.

Schreie aus dem Epizentrum des Elends

Als ich an diesen Abend nach Hause kam, schenkte ich mir schnell ein Glas Wein ein, nahm einen Zeichenblock und notierte alle Themen, die ich noch einmal vertiefen musste, und zwar ganz genau welche Bereiche in den jeweiligen Thematiken. Dann ging ich duschen, nahm mir anschließend den Zettel erneut vor und begann, den Lernbedarf zu strukturieren. Klare Priorisierungen geordnet von Interventionsbedarf. Und genauso arbeitete ich dann die Liste Punkt für Punkt ab. Die Probeklausur bestand ich gerade so mit fünf Punkten. Fast alle waren in der Probe durchgefallen, der innerlich Druck erreichte einen historischen Höhepunkt.

Die letzten Wochen bis zur Prüfung verbrachte ich in einer mentalen Blase. Die Gedanken und Emotionen drehten sich im Kreis. Totale Zielfokussierung traf auf zügellose Versagensängste und ließ keinen Platz für eine weitere Sinneswahrnehmung. Ich schaltete permanent zwischen konkretem Lernen und Angstverarbeitung wie getrieben hin und her, während langsam die Ängste die Oberhand gewannen. In dieser Phase meldete sich scheinbar plötzlich ein alter Bekannter mitten in der Nacht bei mir, mein Immunsystem. Wie ein nörgelndes Kind bettelte mein Körper um Aufmerksamkeit, da gab es kein Entrinnen. Wie ein imposanter Flashback traf mich der Atemwegsinfekt, gefangen und verraten vom einigem Körper. Bezüglich der Problemanalyse waren aktuell weder Schulmedizin noch Homöopathie ein Faktor. Welche Formen der Einflussnahme hatte ich noch? Gab es doch keine Zukunft für mich? Alle Mühen umsonst? Da gebe ich alles für die Zielerreichung, und mein eigener Körper produziert das totale Worst-Case. Ich fühlte mich wie in einem Fantasy-Roman-Plot, mein Immunsystem ist die dunkle, böse Macht, die alles zerstören will (vor allem mich). Ich bin der Held, der keiner sein will, aber ich bin der einzige, der das Böse stoppen kann. Nur weiß ich das an dieser Stelle der Geschichte noch nicht. Das Niederschmetternde ist die Erkenntnis: Dies ist keine fiktive Story, sondern meine Realität.

Und so waren die Tage bis zur ersten Prüfungsklausur ein emotionales Desaster und ein Wettlauf gegen die Zeit, denn mit Fieber und Atemnot eine Prüfungsklausur zu schreiben, das war Wahnsinn. In den letzten 24 Stunden vor der Prüfung war ich komplett verunsichert. Was sollte ich bloß tun? Krank im Bett bleiben oder krank mitschreiben? Beides waren absolute Null-optionen. Ich befand mich im Epizentrum des Elends. Meine Emotionen waren kaum zu beherrschen.

Immer und immer wieder hörte ich „Alles kann besser werden" Mir schien, der Text sei einzig und allein für mich geschrieben. Gefangen zwischen dem mächtigen Gefühl des „Wegmüssens" und dem machtlosen Gefühl des „Nicht wissen wie" ist „Alles kann besser werden" für mich immer wieder trostspendend gewesen.

Ich will raus aus dieser Scheiße hier
Doch ich weiß nicht, wie das gehen soll
Raus aus diesem scheiß Revier
Doch ich weiß nicht, wie das gehen soll
...
Alles kann besser werden
Holen wir uns den Himmel auf Erden
Alles soll besser werden
Holen wir uns den Himmel auf Erden
Alles wird besser werden
Wir holen uns den Himmel auf Erden
...
Auch wenn du jetzt bitterlich weinst
Bitte gib nicht auf
Auch wenn du grad das Leben verneinst
Bitte gib nicht auf
Auch wenn du dir verstorben scheinst
Bitte gib nicht auf
Auch wenn alles verdorben scheint
Gib nicht auf

Auszug aus „Alles kann besser werden" /
Songwriter: Xavier Naidoo, Matthew Tasa, Milan Martelli, Janet Grogan /
Uchenna Eric Van Capelleveen / Naidoo Records (Sony Music)
© Warner Chappell Music, Inc. / 2009

Ich änderte meine Meinung im 30-Minuten-Takt. Am Abend beschloss ich dann, mich am nächsten Morgen spontan zu entscheiden. Ich schlief die Nacht schlecht, letztlich entschied ich mich, krank mitzuschreiben. An meinen Immunsystem zu scheitern, war letztlich keine Option für mich. Das konnte und wollte ich nicht akzeptieren. Draußen lag Schnee, und es war kalt, richtiger Winter halt. Ich bestellte mir ein Taxi. Nachdem ich den Unterrichtsräumen angekommen war, ging ich direkt zur Toilette, zog meine Winterstiefel aus und schlüpfte in meine Glücks-Chucks. Heute müsst ihr alles geben, auch wenn ihr keinerlei fiebersenkende Wirkungen habt! Ihr müsst mich irgendwie durch diese Prüfung bringen. Natürlich hatte ich auch wieder ein Arsenal an Lebensmitteln und Material dabei, diesmal noch ergänzt um eine Reiseapotheke. Zum obligatorischen Nasenspray gesellten sich noch Nasensalbe, Lutschpastillen, schleimlösende Brausetabletten, fiebersenkende Tabletten sowie Salbeibonbons.

Mir war klar, dass ich in der aktuellen Verfassung nicht genug Ressourcen an Konzentration und Kraft hatte, um drei Stunden effektiv zu interpretieren. Und so war die Notfalltaktik für heute: nicht nachdenken und schon gar nicht Teile vorschreiben, sondern direkt alles herunterschreiben in einer Art von Blindflug. Vom Prüfungstext hatte ich vorher noch nie etwas gehört. Nur der Autor Hennig Venske war mir bekannt, allerdings nicht als Schriftsteller, sondern als Darsteller aus der 1980er-Jahre Sesamstraße.

Alle zehn Minuten unterbrach ich kurz und führte mir ein Medikament zu oder trank einen Schluck Wasser. Mit jeder Sekunde wurde ich müder und unkonzentrierter. Ich war ein Fall fürs Krankenbett und nicht für eine (wichtige) Prüfungssituation. Nach gut zwei Stunden gab ich meine Klausur ab. Bedauerlicherweise brachte ich damit Unruhe in den Kreis der anderen. Zu Hause suchte ich den Prüfungstext online und las ihn mir in Ruhe im Bett noch einmal durch. Plötzlich traf mich ein Schlag: Den zentralen Satz hatte ich überlesen. Dadurch ergab die Geschichte einen ganz anderen Sinn. So etwas passiert, wenn man krank mit Fieber in eine Prüfungsklausur geht. Ich ärgerte mich noch ein bisschen, und für mein „One Fucking Day"-Prinzip war ich definitiv zu krank. Mein Gesundheitszustand verlangte volle Aufmerksamkeit. So rückte der Ärger auch schnell wieder in den Hintergrund. Gurgeln, Nasendusche, Dampfbad war der Takt der nächsten Tage, um die weiteren Klausuren in einer besseren Verfassung angehen zu können. Der Regenerationsprozess war der Mittelpunkt, für fachliche Gedanken blieb kein Platz. Und tatsächlich fühlte ich mich fünf Tage später am Mittwoch zur Mathematikklausur deutlich besser, zumindest bis zu Beginn der Prüfung.

Alles ist möglich (außer Mathe)

Nach Durchsicht der Aufgaben war mir klar, dass ich nur die zwei Bereiche bearbeiten würde, die mir inhaltlich lagen. Das bedeutete: Es gibt im besten Fall 15 Punkte, also für jeden Teilbereich fünf Punkte. Dies wiederum hieß für mich erstens, dass zehn Punkte das beste mögliche Ergebnisse waren und zweitens, dass ich mir nicht zu viele Fehler erlauben durfte, um die zentral wichtigen fünf Punkte zu erreichen. Nachdem ich zwei Aufgaben bearbeitet hatte, kam ich ins Schwitzen. Jetzt musste ich ein Datenkreuz zeichnen, um die Koordinaten einzutragen. Im ersten Versuch war der zweite Strich eher eine Kurve als eine Gerade. Nächster

Versuch ging schief. Als auch der dritte Versuch misslang, wurde ich nervös. Insgesamt benötigte ich zehn Versuche für ein halbwegs akzeptables Datenkreuz. Ständig wanderte mein Blick zum Wecker. Die Zeit schien es eilig zu haben, ich hingegen kam mir vor wie in Zeitlupe.

Durch Zeitdruck werde ich immer unsicherer, auch bei Aufgaben, die ich eigentlich im Schlaf löse. Heute läuft es nicht flüssig. Kurz bevor ich mich der letzten Aufgabe widmen will, sagt der Lehrer: Die letzten fünf Minuten beginnen jetzt. Ein bisschen zittern meine Hände. Ich benötige jeden Punkt. Ich muss diese Aufgabe noch schaffen. Im Sprinttempo lege ich los. Mitten in der Bearbeitung merke ich, dass das Zwischenergebnis nicht stimmen kann. Ich überschlage den Rechenweg – ja, definitiv falsch. Der Lehrer läutet die letzten sechzig Sekunden ein. Egal, jetzt schnell den Rechenweg herunterschreiben und die Punkte dafür einsacken. Der Dozent zählt die letzten zehn Sekunden als Countdown herunter, genau bei eins bin ich fertig. Fotofinish und das, obwohl ich nur zwei der drei Themen behandelt habe. Jetzt bin ich mir noch sicherer, dass es die richtige Entscheidung war, von den drei Oberthemen nur die zwei zu bearbeiten, die ich wirklich beherrschte. Die anderen stehen noch zusammen, um sich gegenseitig ihr Leid zu klagen, ich will nur eins: nach Hause ins Bett.

Dort angekommen rufe ich zunächst meinen Mathe-Mentor an und erläutere die Aufgaben. Er ist sicher: Das reicht für fünf Punkte. Ich bin mir eher unsicher, freue mich aber über jegliche Bestärkung. Die grafomotorische Zeichenleistung meiner rechten Hand ist ein klarer Fall für ein Glas Wein und fürs „One Fucking

Day". Alles kann besser werden? Ich hoffe! Und ab morgen wieder regenerieren, um Samstag noch fitter in die letzte schriftliche Prüfung zu gehen.

Jetzt war ich körperlich wieder oben auf, mental dafür geschwächt. Die Ängste wegen der Erkrankung angesichts der Prüfungen, dieser extreme Druck vor und während der Mathematikprüfung sowie die Einschätzung, dass es auf keinen Fall Topnoten werden – das alles zog mich herunter. Was mein Körper und ich jetzt brauchten, war Sonne, Strand und eine Überdosis Vitamin C. Doch es war Samstag, nun saß ich wieder in einer Prüfung. Was ich hatte, war ein schwerer Text, drei Stunden Zeit und schlechte Laune. Meine Hand hatte heute einen guten Tag, aber ich fühlte mich saft- und kraftlos, schlicht unendlich erschöpft.

Sich anschreien auf der Toilette

Bereits nach einer halben Stunde hatte ich meinen Vorrat an Cola und Traubenzucker aufgebraucht, Erfolg gleich null. Diese Prüfung gestaltete sich so zäh wie ein Kaugummi, das man eigentlich schon dreimal ausgespuckt hatte und mangels Alternativen dann wieder in den Mund steckte. Immer wieder starrte ich flehend auf meine Glücks-Chucks statt auf den Text. Nach knapp zwei Stunden hatte ich noch nicht mal die Hälfte des wissenschaftlichen Textes übersetzt. Mir war klar: Ich brauche einen Impuls. So ging ich zur Toilette, vergewisserte mich, dass ich alleine war. Dann stellte ich mich vor den Spiegel und schrie mich an: „Das ist hier eine wichtige Prüfung, reiß dich zusammen … ! Du gehst da jetzt wieder rein und gibst Gas!"

Das hatte ich – warum auch immer – gebraucht, und so mobilisierte ich die allerletzten Kraftreserven und beendete im Zeitrahmen die Klausur. Die schriftlichen Prüfungen waren nun Geschichte, und ich war leer. Die Wochen bis zur Mündlichen zeigten meine mentale Erschöpfung und vor allem Albträume. Es verging kaum eine Nacht, in der ich nicht durch eine der schriftlichen Klausuren geflogen bin. Das Ganze wirkte immer so echt inklusive der geträumten Enttäuschung und Trauer, dass ich morgens erstmal realisieren musste, dass alles nur ein Traum war. Ich wollte nur noch eines: Klarheit. Diese Schwebesituation war unerträglich. Ich fragte per SMS sogar beim Kursleiter an, ob es wirklich so ist, dass wir am Tag der mündlichen Prüfung alle Ergebnisse erfahren. Seine Antwort war: definitiv. Und so zählte ich die Stunden, Minuten bis zur Prüfung. Ich hatte mich gut vorbereitet, aber in meinem Kopf gab es nur ein Thema: Erlösung. Ich will jetzt nur noch abschließen.

Diese Prüfung hatte eine besondere Vorgeschichte. Darauf war ich jetzt seit Tagen fokussiert, auf das ultimative Ende. Umso härter traf mich die Information vor Ort, dass entgegen aller Ankündigungen doch noch nicht die Ergebnisse bekannt gegeben werden könnten. In mir brach eine Welt zusammen. Ich war tief enttäuscht. Ich wollte und konnte es nicht glauben, dass mein Leiden weitergehen sollte. Ich wollte nur noch hinaus, deshalb meldete ich mich freiwillig als Erster für die Prüfung. Leider war der Deutschdozent auch für diesen Bereich Prüfer und Ansprechpartner. Da die meisten anderen, die wie ich seinen Unterricht nur im zwei Wochenrhythmus besuchten, inzwischen nicht mehr Kursteilnehmer waren, fokussierte sich seine Abneigung auf mich. Irgendwann sollten wir alle unsere Themen vorstellen.

Meins hatte ich bereits gegliedert und ausgearbeitet. Es war fertig. Widerwillig stellte ich es vor. Er fuchtelte wild mit den Armen herum und meinte, das alles ginge nicht so, wie ich mir das vorstellte. Wenn ich das Thema grundsätzlich behalten wolle, solle ich die Ausrichtung komplett ändern. Dazu hatte er auch ein paar haarsträubende Vorschläge. Ich antworte nicht auf seine Einlassungen, lächelt verkniffen und dachte nur: Ich werde genau gar nichts ändern, du Vollidiot!

Auch anderen gab er wilde Tipps, wie sie ihre Themen besser gestalten sollten. Das taten sie, um den Ansprüchen des Dozenten gerecht zu werden. Mir war natürlich bewusst, dass ich ein Risiko eingehe, wenn ich mich nicht nach einem der zwei Prüfer richte. Aber seine Einschätzungen und Einwände waren für mich schlicht grotesk. Mental war es eine wirklich schwere Situation, aber ich vertraute mir, weil ich wusste, jede andere Fachkraft hätte mein Thema anders eingeschätzt.

Glücklicherweise verließ uns der Dozent wenige Wochen vor den Prüfungen, so dass ich von daher unbeschwert in die Prüfung gehen konnte. Ich öffnete eine Schublade in meinen Kopf und zog alle relevanten Informationen heraus, allerdings mussten die Prüfer mir alle Infos aus der Nase ziehen. Das Fazit der Dozentenschaft: inhaltlich top, aber ich habe die Prüfung nicht als meine gestaltet, war eher passiv, deshalb nur zwölf Punkte. Letztlich hatte ich von allen das beste Ergebnisse, das war nach den zurückliegenden Monaten eine tiefe Genugtuung. Gegen die Kritik des Dozenten und gegen die Stimmung in der Gruppe meine Überzeugung durchzustehen und alles richtig entschieden zu haben, wow.

Ich gucke Olympia, da ruft der Kursleiter an

Die folgenden Tage waren dann aber die Hölle. Alle paar Minuten checkte ich meine SMS, meine E-Mails und unseren Anrufbeantworter immer mit demselben Ergebnis. Am 22. Februar halte ich es nicht mehr aus. Ich schreibe dem Kursleiter eine Nachricht und frage, ob er jetzt endlich sagen könne, ob ich Englisch bestanden habe oder nicht. Ich versuche, mich mit Fernsehen abzulenken und schaue die Berichterstattung von den Olympischen Spielen in Vancouver. Das gelingt an diesem Tag sogar. Zunächst holen die Männer im Teamsprint im Langlauf Silber, dann gewinnen die deutschen Damen im Teamsprint sensationell die Goldmedaillen. Unfassbar. Ich springe auf vor Freude. Genau in diesem Moment klingelt mein Handy. Hektisch packe ich es und schaue auf das Display. Es ist die Nummer des Dozenten. Mein Herz rutscht mir in die Hose, ich hole schnell noch einmal Luft und drücke auf den grünen Hörer. Und so wird der Moment, in dem Claudia Nystaad in Vancouver die Ziellinie überquert, für immer in meinem Gedächtnis bleiben, ein wahrlich sensationeller Abend.

Ein schneller Blick in den Kühlschrank zeigt einen akuten Mangel an Getränken, die für diesen Moment geeignet wären. Ein Blick auf die Uhr zeigt mir, dass der Supermarkt in der Nähe in wenigen Minuten schließt. Also hinaus in diesen Winterabend. Es ist kein Mensch auf der Straße, diesen Umstand nutze ich und hüpfe mehr, als dass ich gehe, leicht beschwingt zum Discounter. 20 Minuten später stoße ich mit meiner Frau und einem Glas halbwarmen Sekt auf den bestandenen A-Teil an. Unspektakulärer geht es kaum, ein kurzer, heiterer, gelöster Moment nach 18 Monaten zweiter Bildungsweg – aber auch ein persönliches Ausrufezeichen. Die genauen Ergebnisse sind mir noch nicht bekannt und so warte ich sehnsüchtig auf Post vom Niedersächsischen Landesinstitut für schulische Qualitätsentwicklung (so heißt es tatsächlich).

Als ich den Umschlag in den Händen halte, begutachte ich ihn erstmal ausführlich, vermutlich um Zeit zu gewinnen. Die Zahlen lösen allerdings gemischte Gefühle aus. Zu den bereits bekannten zwölf Punkten aus der mündlichen Prüfung gesellten sich in jedem Fach neun Punkte hinzu. Grundsätzlich akzeptabel, das einzige Problem besteht darin, dass der Numerus Clausus für Soziale Arbeit in Hannover für das Wintersemester 2010/2011 bei stolzen 1,3 liegt. Die Systematik bezüglich der Note für die Hochschulzugangsberechtigung über den Immaturen-Kurs sieht so aus: Die Durchschnittpunktzahl des A-Teils und die Durchschnittpunktzahl der B-Teilprüfung werden zusammengezählt und einer Tabelle zugeordnet.

Für mich bedeutete dies, in den beiden Prüfungen B-Teil an der Fachhochschule Hannover die höchste Punktzahl von vollen fünfzehn Punkten erreichen zu müssen, um sicher einen Studienplatz direkt zu bekommen. Wie sollte ich das denn schaffen? Die Prüfungsthemen mussten wir selbst wählen, und die Inhalte eigenständig erarbeiten. Diese wurden dann von Lehrenden des Fachbereichs bewertet. Wie baue ich ein Thema auf diesem Niveau auf? Welche Fachbegriffe, Theorien und gesellschaftlichen Hintergründe sind in welchem Umfang relevant für die Prüfungen? 15 Punkte selbst in nur einer der beiden Prüfungen war für mich in dieser Situation pure Science Fiction. Ich war mir ja nicht einmal sicher, ob ich überhaupt die Prüfungen bestehe.

Wie geht die mentale Mutprobe aus?

Die Aussicht auf einige Wartesemester trübte meine Grundstimmung sehr. Wie ich damit umgehen sollte, war für mich aktuell nicht vorstellbar. Das Thema B-Teil-Prüfung lag mir schwer im Magen, weil zwei Kommilitonen merkwürdige Reaktionen von einer Universität und einer Fachhochschule bekamen. Dem einen Kommilitonen wurde von der zuständigen Professorin gesagt: „Es ist ja schön, dass Sie den A-Teil geschafft haben, aber ein Studium ist nochmal was ganz anderes. Überlegen Sie sich, ob Sie die B-Teil-Prüfung wirklich machen wollen." Einem anderen Kommilitonen erläuterte ein Professor, dass nach seiner Meinung Immaturen grundsätzlich erstmal ein Probesemester belegen müssten, um nachzuweisen, dass sie überhaupt fähig sind zu studieren. Mit dieser Ablehnung hatten weder sie noch ich gerechnet. Dass uns keiner haben will, hinterließ ein tiefes Gefühl der Verunsicherung. Scheitern an der mentalen Mutprobe ist der Grund, warum Menschen in Veränderungsprozessen aufgeben.

Gemeint ist damit eine Kette von inneren und äußeren negativen Faktoren, die einen durch die Summierung besonders herausfordern. Basis dieses Gebildes ist der innere Faktor des Zweifels. Nicht zu wissen, wie man und ob man das gesetzte Ziel erreichen kann, das belastet. Dies allein ist bereits eine große mentale Herausforderung in Veränderungsprozessen. Wenn dann noch äußere negative Faktoren hinzukommen, türmt sich vor uns eine massive Gebirgskette an Herausforderungen auf. Die zu bewältigen, verlangt eine wahrhaft mentale Mutprobe. Die äußeren Faktoren beziehen sich primär auf zwei Gruppen: das persönliche Umfeld sowie das Zielumfeld.

Systeme sind davon geprägt, dass die (internen) Beziehungsge-flechte sich prozesshaft gegenseitig beeinflussen. Jede zugehörige Person im System ordnet den anderen Mitgliedern eine indivi-duelle Rolle oder Funktion zu. Daraus folgt, dass jeder Verände-rungsprozess eines Einzelnen unabdingbaren Einfluss auf alle Beteiligten hat. Resultat: Nicht alle Personen werden auf ihren Veränderungsprozess positiv reagieren. Die zugeordnete Rolle/ Funktion ist darüber hinaus mit den persönlichen Zielen der anderen verknüpft. Anders gesagt, ihre Veränderung kann die Ziele einiger Menschen in ihrem System gefährden. Der passende Merksatz lautet: „Man kann nicht nicht Ziele haben" (Zitat aus Johannes Schilling: Didaktik / Methodik Sozialer Arbeit).

Dazu gibt es diverse Rollen und Funktionen. Das kann zum Beispiel die Rolle des Ernährers sein oder die Rolle des Sünden-bocks. Das Echo auf den Veränderungsimpuls kann positiver Natur sein (Unterstützung, Motivation). Häufig ist es im Kern negativ oder ablehnend. Daher ist es von zentraler Bedeutung, die Motive der Reaktionen zu verstehen. Auf der Partnerschaftsseite kann es um wirtschaftliche Faktoren gehen. Bei einer beruflichen Umorientierung wird es für einige Zeit entweder zu Gehaltsein-bußen oder gar zum zeitlich befristeten Wegfall des Einkommens kommen. Da wir alle auch persönlich für unser Leben die neoli-beralistische Maxime vom unendlichen Wachstum verinnerlicht haben (das Gehalt wird mehr und nicht weniger), entspricht dies nicht unserem Denken und unseren Erwartungen. Ich kann mich an einen Kommilitonen aus dem Immaturen-Kurs erinnern, der gerne studiert hätte, aber der noch ein Haus abzuzahlen hatte und die Ausbildung der Kinder zu finanzieren. Hier trifft der tiefe Veränderungswunsch auf die finanziellen Bedürfnisse der Familie.

Neben dem monetären Bereich gibt es auf der Beziehungsebene auch den Faktor: Alles soll so bleiben, wie es ist. Daraus resultiert: Kein Verständnis für den Entwicklungsbedarf, Veränderung als Angst-Trigger. Was sagt der Veränderungswille des anderen über mich aus? Welche Auswirkung hat die Veränderung auf die bestehenden und gewohnten Strukturen. Veränderung wird zum Synonym für die Bedrohung des Ist-Zustands. Es folgt die mentale und emotionale Sabotage, wenn wir nicht wissen, wie wir das neue Ziel erreichen können. Und das direkte Umfeld glaubt nicht an die Veränderung. Es ist viel einfacher, alles so zu lassen, wie es ist. Aber es geht auch anders.

„Ich will nicht, dass du dich veränderst"

So hat sich zum Beispiel ein Paar für einen Kurs angemeldet. Er wollte die Hochschulzugangsberechtigung. Sie wollte nicht drei Abende alleine zu Hause sitzen. Beide absolvierten den Kurs erfolgreich. Auch für Freundeskreis, Verwandtschaft und Kollegenschaft gilt: Die meisten stehen einer Veränderung einer andere Person nicht positiv gegenüber. Während wir regelmäßig die Software auf unserem Smartphone erneuern, halten wir gerne an den Bildern fest, die wir von den Menschen in unserem Umfeld haben. Zementiert sind die Einordnung und Zuordnung von Merkmalen, Bewertungen und Erwartungen an die jeweilige Person. Negatives Feedback in diesem Zusammenhang lautet im Kern „Ich will nicht, dass du dich veränderst, weil ich dich sonst neu bewerten muss." Viele Menschen sind nicht in der Lage, ein verändertes Bild zu akzeptieren. Und zwar, weil sie es schlicht nicht wollen. Das kann zu fast schon surrealen Situationen führen. So erkennt die Schwiegermutter einer Freundin ihr Studium einfach nicht an und erklärt, es sei nicht gleichwertig wie das Studium ihres Sohnes. Auch ihr eigener Sohn erklärte ihr mehrfach, dass das Studium seiner Frau ein reguläres Studium war. Einzige Unterschied ist ihr Alter. Aber ihre Schwiegermutter lehnt die Sichtweise ab und erschafft für sich so eine fiktive Welt. Sie ist nicht ist bereit, die Realität anzuerkennen, warum auch immer.

Das Leben der anderen
Die Ablehnung oder ausbleibende Anerkennung Ihres Umfeldes auf Ihre persönlichen Veränderungen hat nichts mit Ihnen selbst zu tun, sondern mit der anderen Person. Das bedeutet: Wir können die subjektive Sichtweise auf uns (so unreal sie auch sein mag) nicht beeinflussen. Deshalb ist es ratsam, sich von diesen Personen zu distanzieren oder gar zu trennen. Sollte das nicht möglich sein, sie soweit wie möglich fernhalten. Sabotieren Sie sich nicht selbst! Entfernen Sie negative Emotionen der anderen aus Ihrem Leben!

Wenn andere zu dir sagen, „das schaffts du eh nicht", dann sagt das nichts über dich, aber alles über die andere Person aus! Vertraue dir und höre nicht auf das, was andere in dir sehen wollen. Daran erinnert mich auch das Lied „Soundso" der Band „Wir sind Helden" immer wieder.

So und so warst du schon immer –
Genau so, nur kleiner
Im Alter wird so was nur schlimmer –
Genau so, nur alleiner
Wie gut, wenn man geliebt wird, wie man ist —

...

So und so Und sowieso bleibt nichts davon
So und so Und sowieso ist nichts davon
So und so Glaub mir nichts davon bist du

Dein Vater ist froh, weil er weiß, du bist so und so
Und Mutter ist froh, weil sie weiß, du bist so und so
Dein Haustier ist froh, weil es weiß, du bist so und so,
Dein Lehrer ist froh, weil er weiß, du bist so und so
Die Freunde sind froh, alles klar, du bist so und so
Auf Arbeit: alle froh, alles klar, du bist so und so
Zuhause: alle froh, alles klar, du bist so und so
Und du gehst k.o, weil du weißt du bist so und so
du gehst k.o, weil du weißt du bist so und so

Auszug aus „Soundso" der Band „Wir sind Helden" /
Text: Judith Holofernes / Musik: Tavassol / EMI Music./ 2007

Vom Motiv der anderen, uns abzulehnen

Ablehnende Haltung wie in den Beispielen der beiden Kommilitoninnen bedeutet nicht persönliche Ablehnung. Die Personen
leiten ihre Ablehnung nicht aus den individuellen Leistungen
heraus ab, sondern aus der Zugehörigkeit zu einer Gruppe (ohne

Abitur) oder als ein pauschales (Vor)Urteil. Die Lehrenden, die sich ablehnend verhalten haben, waren „Fremde", die das jeweilige Leistungsvermögen null einschätzen und bewerten konnten.

Und die Frage ist ja, warum sagt man den Menschen vorab, sich zu überlegen, ob man sich die Prüfung im B-Teil zumuten möchte. Hier trennt sich ja eh noch die Streu vom Weizen. Welches Motiv führt dazu, fremden Menschen abzuraten? Es gibt einen extremen Unterschied zwischen drinnen und draußen. Es geht zentral um Zugehörigkeit und Verbundenheit und damit um Abgrenzung gegenüber denen, die nicht dazu gehören (sollen). Hintergrund: Der eigene Status, das eigene Selbstverständnis generiert sich oft zentral nicht über die individuellen Fähigkeiten, die Fachlichkeit und Leistungen, sondern über die Abgrenzung gegenüber anderen. Eine Form der künstlichen Selbsterhöhung ist zu beobachten. Motto: Was würde es für die eigene Wahrnehmung bedeuten, wenn es „jede" oder „jeder" schaffen könnte? Doch leider glauben wir oft, dass es sich um eine persönliche Ablehnung handelt. Angebliche Expertinnen und Experten raten uns, es zu lassen, weil wir nicht gut genug seien.

Dieses „Abgrenzungsgehabe" läuft auf allen Ebenen. Unter den Lehrenden grenzen sich Professorinnen und Professoren von den anderen ab. Universitätsprofessorinnen und -professoren blicken oftmals abwertend auf die Hochschul- und Fachschulprofessorenschaft hinab. Da werde nicht so viel geforscht, lautet dann eine Begründung. Und auch zwischen den Berufsgruppen läuft dieser Prozess. Das ist wichtig zu verstehen. Denn es betrifft uns unmittelbar. Wie sollen wir ein negatives Gedankenbild überwinden, wenn wir überall hören, wir könnten es nicht schaffen, wir seien nicht dazu fähig? Wir müssen an uns glauben. So fließt uns die positive Kraft zu, die wir für unseren Weg zwingend brauchen.

Intensiv vorbereitet – und krank

Mein Alltag sah in den nächsten Wochen so aus, dass ich zum Themenkomplex Jugendberufshilfe alle möglichen Materialien kaufte. Dann wählte ich aus und trug alle Punkte zu einer Hausarbeit zusammen. Bald begann ich mit dem Auswendiglernen. Immer wieder schrieb ich die Inhalte auf Zeichenblöcke, bis meine Hand streikte oder ich einfach nicht mehr konnte. Dann begab ich mich aufs Fahrrad, um während der Fahrt die Inhalte endgültig in meiner persönlichen Cloud zu speichern. Ich hatte bemerkt, dass ich die Lerninhalte so noch schneller verinnerliche. Nächster Abschnitt gleicher Ablauf, bis alles, von dem ich hoffte, dass es so sinnvoll ist, mein Gehirn ausfüllte. Dann veränderte ich den Tagesablauf. Jetzt simulierte ich bis zu dreimal täglich die Prüfung. Ich setzte mich mit Wecker und drei Stunden Limit an den Tisch und schrieb los. Da ich die Prüfungsfragen für die Klausur natürlich nicht kannte, versuchte ich, mein Tempo so zu gestalten, dass ich alle gelernten Inhalte im Rahmen von drei Stunden zu Papier bekam. Aber ich war nicht bereit, etwas dem Zufall zu überlassen.

Am Wochenende vor der schriftlichen Klausur an der Fachhochschule fuhr meine Frau mit unseren Kindern zu meinen Schwiegereltern, damit ich mich zu Hause mit totalem Fokus vorbereiten konnte. Und so schrieb ich noch in diesen 48 Stunden ganze sieben Mal jeweils drei Stunden alles Wissen herunter. Ich hatte alles gegeben in dieser Vorbereitungszeit und war vollgestopft mit Wissen. Und so ging ich erschöpft aber hoffungsvoll ins Bett.

Noch fünfmal schlafen, dann galt es. Doch bereits am nächsten Morgen schlug die Hoffnung in Verzweiflung um.

Über Nacht hatte ich urplötzlich einen Atemwegsinfekt. Fieber und Luftnot zwangen mich zur Lernpause. Der Feind im eigenen Körper meldete sich wieder zu Wort und versuchte, meine Anstrengungen zu sabotieren. Und so verbrachte ich die folgenden vier Tage damit, so gesund wie irgend möglich zu werden, aber so richtig schlugen die Antibiotika nicht an. Am Prüfungsmorgen war alles verschwommen, ich konnte mich kaum auf den Beinen halten. Das Fieberthermometer verkündete auch keine frohen Botschaften. Aus Verzweiflung nahm ich kurz vor der Prüfung fiebersenkende Medikamente, mit dem Effekt, dass ich jetzt nur noch Matsch im Kopf hatte. Ich war verzweifelt. Wochenlang hatte ich intensiv mit hohem Zeitaufwand am Rande der Belastbarkeit gearbeitet, und jetzt konnte ich keinen einzigen klaren Gedanken fassen.

Die erste Stunde der Klausur schreibe ich unter dem Einfluss der Medikamente wie in Trance, nach einer Stunde werde ich langsam wieder klarer. Was habe ich bisher geschrieben? Ich entscheide, das nicht zu lesen, was ich bisher fabriziert habe, sondern ich schreibe ab jetzt konzentriert und schnell weiter. Ich gebe Vollgas, was zu meinem Entsetzen dazu führt, dass ich nach einer weiteren Stunde fertig bin. Und so gebe ich eine Stunde vor Ende ab. Während ich draußen auf die anderen warte, hadere ich mit den Bedingungen – hätte ich nicht eine Woche später krank werden können? Spätestens jetzt habe ich mich vom Traum, bereits dieses Wintersemester einen Studienplatz zu bekommen, verabschiedet. Nach dem Verlauf der Prüfung bete ich, dass es wenigsten zum Bestehen reicht.

Für die mündliche Prüfung beginnt das ganze Prozedere von vorne: identische Abläufe, zeitlicher Aufwand und Intensivität. Viel Zeit auf dem Fahrrad und viele Ängste gehören dazu. Habe ich die schriftliche Prüfung bestanden? Wenn nicht, wie soll ich mit dieser Niederlage umgehen? Welche Note für die Hochschulzugangsberechtigung ist wohl noch möglich? Wie viele Wartesemester werden es im schlimmsten Fall? Ich sehne trotz meiner Sorgen den Tag der mündlichen Prüfung herbei, weil ich es endlich hinter mir haben will, egal mit welchen Ergebnissen, Hauptsache die ersehnte Hochschulzugangsberechtigung. Ich kann schon seit Tagen nicht mehr richtig schlafen. Es soll jetzt einfach alles zu Ende sein.

Am Tag der Prüfung bin ich extrem aufgeregt und bereits 90 Minuten vor Prüfungsbeginn vor Ort. Gesundheitlich fühle ich mich in absoluter Topverfassung. Da ich zu früh dran bin, unterhalte ich mich ausführlich mit der Kommilitonin, die direkt vor mir dran ist. Sie bekommt dann 13 Punkte, und ich denke, die hätte ich auch gerne. Meine Prüfung läuft super, nicht nur, weil ich alle Inhalte präzise ausgearbeitet und in meiner persönlichen Cloud gespeichert habe, sondern auch, weil ich aus der Kritik der mündlichen Prüfung im A-Teil gelernt habe. Und so muss mir heute keiner die Informationen aus der Nase ziehen, sondern ich habe das Heft des Handelns in der Hand.

Das Ergebnis las ich zur Sicherheit dreimal

Als ich vor der Tür warten muss, bis die Prüferinnen und Prüfer sich beraten haben, denke ich für mich: Das war eine perfekte Leistung, aus meiner Sicht fünfzehn Punkte. Als ich wieder hereingerufen werde, erfahre ich, dass dies auch die Meinung der Lehrenden ist. Aber es gibt auch einen Wermutstropfen. Trotz anderer Ankündigungen liegen die Noten der schriftlichen Prüfung noch nicht vor. Wieder ist es nicht das ersehnte Ende. Das scheint mich zu verfolgen. Also geht das Warten weiter. Ich spekuliere weiter, welche Gesamtnote es wohl noch wird. Auch die genannte Nachfrist vergeht ohne eine Nachricht. Ich halte diesen Schwebezustand keine Sekunde länger mehr aus. Daher schreibe ich der ersten Prüferin eine kurze Nachricht mit der Frage, wann mit dem Ergebnis der schriftlichen Prüfung zu rechnen sei. Keine 30 Minuten später bekomme ich tatsächlich eine Antwort. Der Text lautet: „Jetzt! Alles gut, 15 Punkte von beiden Prüfern. Herzlichen Glückwunsch." Aus Gründen der inneren Sicherheit lese ich die Mail noch dreimal.

Als das offizielle Schreiben mit Hochschulzugangsberechtigung eingetroffen war, machte ich mich direkt an die Studienplatzbewerbung. Gleich bei einem der ersten Punkte, im Online-Bewerbungsverfahren, erschloss sich mir nicht, wo ich mein Kreuz setzen musste. Es ging um den Punkt: welche Art der Hochschulberechtigung. Mit Hilfe des World Wide Web fand ich später heraus: Begabtenprüfung war die richtige Option. Ich musste schmunzeln. Wie passt das zu Aussagen, aus denen herauszuhören ist, dass man nicht gut genug sei? Begabte über zwanzig sind nicht erwünscht?

Egal, ich hatte etwas gelernt und konnte die Frage nach der Art meiner Hochschulzugangsberechtigung mit einem lässigen „Begabtenprüfung" beantworten. Doch hatte ich ein ungutes Bauchgefühl wegen des Bewerbungsverfahrens. Hoffentlich geht nichts schief, dachte ich, keine Technik ohne Fehlerquote. Meine Frau kommentierte meine Aussagen mit einem kurzen „Du

wieder!" Trotzdem war ich erst beruhigt, als die Eingangsbestä-
tigungs-Mail in meinem Postfach ankam. Natürlich druckte ich
sie sofort in doppelter Ausführung aus und verwahrte sie in zwei
unterschiedlichen Ordnern. Und es war wie schon in der Klausur
im sogenannten B-Teil, meine Befürchtungen trafen nicht mich,
sondern jemand anderen. Eine Kommilitonin aus dem Imma-
turen-Bereich bekam keinen Studienplatz für Soziale Arbeit zum
Wintersemester, denn ihre Anmeldung war irgendwo im System
verschwunden. Dass sie keine Bestätigungsmail erhalten hatte,
übersah sie in der Aufregung.

Und wieder wartete ich, diesmal auf das Schreiben mit der
bedingten Zulassung. Zweimal am Tag überprüfte ich unseren
Briefkasten. Dann fuhren wir in den Urlaub. Entspannung hatte
ich zwar dringend nötig, aber im Kopf geisterte nur das Studium
herum. Am 13. August zog ich dann den lang ersehnten Brief aus
dem Kasten. Es gab noch einige Dokumente und Nachweise einzu-
reichen. So wurde etwas später aus der bedingten die endgültige
Zulassung.

Vor zwei Jahren und einem Monat hatte ich mich auf meinen
zweiten Bildungsweg gemacht, vom Hauptschulabschluss zur
Hochschulzugangsberechtigung in dieser kurzen Zeit – das
war ein wilder Ritt. Und jetzt war er da, der erste Studientag
am 22.9.2010. Das fühlte sich nach Abenteuer an. Ich steckte die
Semestercard ein und schloss die Wohnungstür hinter mir zu.
Endlich auf in neue Welten!

Kapitel 6

Endstadium

AUCH WENN DAS ENDE NAH ERSCHEINT, ES IST EIN WEITER
WEG, KÖRPERLICH HERAUSFORDERND, ABER LETZTLICH
GREIFBAR. DOCH WARUM NUR SOLL ICH EINE ZUCKERTÜTE
IN DER HAND HALTEN? ES GIBT WEITERE KURIOSITÄTEN.

Das Zwischenziel Studienplatz war jetzt erreicht. Puh! Aber der Umstand, dass sich noch nichts nachhaltig veränderte, fühlte sich an wie eine Bleiweste. So blieb also der Dauerdruck, er war mein täglicher Begleiter. Jetzt, nach zwei Jahren zweiter Bildungsweg, gab es auch den einen oder anderen emotionalen „Hotspot". Zum Beispiel traf ich kurz vor Studienbeginn eine Mutter aus dem Kindergarten meiner Söhne, die durch ein informelles „Spielplatzgespräch" im vergangenen Jahr von meinem eingeschlagenen Weg und den Zielen wusste. Sie fragte mich in einer Stimm- und Tonlage, die die diebische Vorfreude auf eine negative Antwort ihrer Frage an mich nicht verbergen konnte: „Und was macht das Studium?"

Von null auf hundert produzierte mein Körper einen Serotonin-Überschuss. Mit einem Grinsen so breit und hell wie eine Leuchtreklame antwortet ich knapp: „Gut, nächste Woche geht's los!" Ihr Gesichtsausdruck ließ keinen Zweifel offen: Sie hatte den Subtext „du kannst mich auch mal" aus meinem leicht diebischen Grinsen herausgelesen. Rasch ging ich weiter und musste mich zusammenreißen, um nicht im Freudenrausch wie ein Vierjähriger den Zebrastreifen hüpfend zu überqueren.

Zuckertüte mit 38 Jahren?

Mit einem fast identischen Festival von Glückhormonen saß ich dann in der S-Bahn. Doch je näher ich dem Fakultätsgelände kam, desto heftiger grummelte mein Magen. Neue Welt bedeutet halt auch stets ein Universum an Unbekanntem. Dieser Umstand löst bei mir immer Stress aus, wobei es sich heute ganz klar um positiven Stress handelt. Es brannte in mir. Ich wollte nur eins – endlich loslegen. Doch zunächst mussten wir alle aus dem Erstsemester uns dem Begrüßungsprogramm der älteren Semester stellen. Höhepunkt war ein Einzelfoto mit Zuckertüte. Ich spielte auf Zeit und stellte mich ganz nach hinten in die Schlange, verbunden mit der Hoffnung, dass die Zeit nicht für 120 Fotos reichte. Leider war dem nicht so. Und so stehe ich da als Student im zarten Alter von 38 Jahren und halte eine Zuckertüte in der Hand. Nachdem die Momentaufnahme der Peinlichkeit bewältigt ist, muss jeder noch einen Button mit Sprüchen aus einer Schüssel ziehen. Auf meinem steht: „Soziale Arbeit 2010 – wie fühlst Du Dich?" Ich denke: hoffentlich schnell besser. Unglaublich, aber irgendwann beginnt tatsächlich die Auftaktveranstaltung. Hier wird unter anderem die Struktur des ersten Semesters skizziert. Der Fokus im ersten Semester liegt auf einer Gruppenarbeit in einer sogenannten Mentoring-Gruppe, in der es auf Grundlage eines Oberthemas für jede Gruppe gilt, ein selbstgewähltes Unterthema zu erarbeiten.

Bei der Verkündung des Oberthemas muss ich schmunzeln: „Eingegrenzt, Ausgegrenzt. Menschen in besonderen Problemlagen." Ich glaube, die meinen mich. Ansonsten bleiben nach dem ersten Tag im Studium vor allem Fragezeichen. Gibt es für das Vorlesungsverzeichnis ein Lösungsbuch oder muss ich das echt selbst verstehen? Werde ich meine Kurse so legen können, dass ich die Betreuung unserer Kinder gewährleisten kann?

Aber eine Sache hatte ich heute doch gelernt, bei einer „Fishbowl" handelt es sich nicht um eine kulinarische Köstlichkeit, sondern um eine Diskussionsmethode. Meine Tatkraft wurde auch in den nächsten Tag auf die Geduldsprobe gestellt. Statt fachlicher Inhalte standen Rundgänge auf den Tagesplänen – Bibliothek, Medienzentrum und Campus. Alles nicht unwichtig, aber ich fühlte mich wie ein Achtjähriger am Heiligenabend, der mit aller Macht und Sehnsucht endlich in das Zimmer mit den Geschenken will, doch nach dem Kirchgang noch warten muss, bis alle 22 anwesenden Verwandten auf Toilette waren.

Meine weiße Ziellinie entstand beim Warten

Ich bin kein Mensch, der gerne wartet. Stillstand, wenn ich mich bewegen will, verursacht bei mir eine Art körperlichen Schmerz, egal in welchem Kontext. Beim Warten auf die S-Bahn wandere ich zum Beispiel immer den Bahnsteig entlang. Zu Beginn der zweiten Vorlesungswoche ging ich bis zum Ende, nicht bis zum tatsächlichen Ende, sondern bis zu dem weißen Strich, über dem das Schild steht „Weitergehen verboten". Ich verharrte und fixierte die weiße Line, saugte sie mit meinen Augen förmlich auf. In diesem Moment machte ich sie mental zu meiner Ziellinie. Dieser schlichte Strich in der Landschaft entwickelte in diesem Moment eine wahnsinnige Symbolkraft für mich. Überqueren darf ich sie erst, wenn ich den Bachelor in der Tasche habe.

Ab sofort ging ich jeden Tag, an dem ich eine Vorlesung hatte, an diese Line, fokussierte, was ich heute tun musste, welche Aufgaben anzugehen oder zu erledigen waren, damit ich irgendwann diese Line überqueren konnte. Sie diente nicht nur dazu, täglich den Fokus für das aktuell Zentrale zu schärfen, sondern verkörperte visuell sowohl den Status des noch nicht Erreichten als auch die Sehnsucht anzukommen. Natürlich hätte ich jederzeit die Line überqueren können, aber das Bild in meinem Kopf ließ es nicht zu. Es war mir nicht möglich, auch nur einen Millimeter dieser Line zu überschreiten, bevor ich mein Ziel erreicht hatte.

Immer, wenn ich in den nächsten drei Jahren eine Prüfungsleistung erfolgreich absolviert hatte und am folgenden Tag vor der Linie das nächste Ziel fokussierte, fühlte es sich an, als ob ich der Ziellinie nicht einen Zentimeter näher gekommen war. Hitze, Kälte, Sturm, Schnee, Regen, Sonne, Frühling, Sommer, Herbst oder Winter – die Monate und Jahreszeiten vergingen, aber die Linie blieb meine Konstante.

Das Studium individuell konstruieren

Im ersten Semester lag mein primärer Fokus darauf, so schnell wie möglich die Struktur des Studiums zu erfassen, um dann zu eruieren, wie ich mich persönlich strategisch aufstellen muss.

Ich studierte das Modulhandbuch detailliert. Zunächst schaute ich, wann in welchem Studium-Abschnitt/Semester welche Module abgeschlossen seien sollten, damit das Studium in der Regelstudienzeit absolviert wird. Auch wenn ich in den vergangenen zwei Jahren alles fokussiert hatte, um hier sein zu können, wollte ich so schnell wie möglich wieder weg und ab ins Berufsleben. Im zweiten Schritt schaute ich, welche Prüfungsleistungen in den einzelnen Modulen zur Auswahl standen. Hier kam wieder meine persönliche Formel zur Anwendung. In den einzelnen Modulen gab es in der Regelauswahl einige Möglichkeiten in Bezug auf die Art der Prüfungsleistung.

Referat statt Portfolio oder mündliche Prüfung statt Hausarbeit? Ich erstellte bereits jetzt einen Plan für das gesamte Studium, der alle Prüfungen erfasste. So hatte ich in 14 Prüfungen nur in dreien eine klassische Hausarbeit (inklusive der Bachelorarbeit) zu schreiben. Was für eine Erleichterung! Für mich wichtig: eine Übersicht und ein Handlungsplan. Auch mein mentaler Druck, viel schreiben zu müssen, war eingegrenzt.

Diese klar strukturierte und sorgfältig geplante Strategie gab Sicherheit. Somit hatte ich meine individuellen Stärken berücksichtigt und die Gewissheit, dass die individuellen Schwächen nicht so sehr im Fokus stünden. Es war also ein selbst gestalteter „Nachteilsausgleich". Ob es auch einen (wie auch immer gearteten) Nachteilsausgleich in der Prüfungsordnung gab, daran verschwendete ich zu diesem Zeitpunkt keinen Gedanken. Zum einen hatte es weder im Realschulkurs noch Immaturen-Kurs einen Nachteilausgleich gegeben (obwohl ich die Frage gestellt hatte, so dass ich automatisch davon ausging, es sei im Studium nicht anders). Zum anderen war ich aktuell so sehr auf mich fokussiert, dass ich nicht alles um mich herum wahrnehmen konnte. Außerdem stand im ersten Semester eine hochschulöffentliche Präsentation als Prüfungsleistung im Fokus, sodass das Thema Legasthenie erst einmal etwas in den Hintergrund trat und Raum für anderes ließ.

Veränderungsprozesse annehmen

Zur hochschulöffentlichen Gruppenpräsentation saßen Lehrende, Fachleute und Studierende im Publikum. Auf einer Bühne sprechen zu müssen, das war nach Jahren, die von Krankheit und Verunsicherung geprägt waren, eine Situation, die mir Angst machte. Ich war sehr erleichtert, dass ich nur einen Satz sagen sollte. Dazu musste ich nicht einmal direkt auf der Bühne stehen. So brauchte ich das Publikum nicht anzuschauen.

Trotzdem war ich so nervös, dass ich erst ins Stocken geriet und dann in Turbo-Geschwindigkeit die Worte halb verschluckte. Es war mir nicht nur unsagbar peinlich, sondern auch schlicht eine schlechte Leistung. Ich wusste sofort: Ich muss in diesem Bereich an mir arbeiten.

Ein weiterer Grund, weshalb Menschen in Veränderungsprozessen scheitern, ist der, dass sie genau diesen Prozess nicht in seiner Gesamtheit annehmen.

Schauen wir uns ein Beispiel aus den Präsentationen an. Eine Kommilitonin begann ihren Beitrag mit dem Hinweis, dass Sprechen vor Menschen ihr nicht liege und sie das eigentlich auch nicht wolle. Sie entschuldigte sich vorab für sich selber. War es da ein Wunder, dass die Rückmeldung aus der Gruppe zu ihrem Auftritt ein klares „Das geht gar nicht" war?

Einige Wochen später saß ich genau neben dieser Kommilitonin. Wir hörten einer Schulsozialarbeiterin zu, die einen Vortrag über ihr Arbeitsfeld hielt. Die Selbstpräsentation dieser Fachkraft mit langjähriger Berufserfahrung war schlicht unterirdisch. Im Fünf-Minuten-Takt nippte sie an ihrer Wasserflasche, alle zwei Minuten räusperte sie sich und fuhr sich ständig durch ihre langen Haare. Ihre Stimme war dünn und schüchtern, als ob ein kleines Mädchen den Vortrag hielte.

Eines war mir sofort klar: So wollte ich nicht enden! Also musste ich sofort und nachhaltig dieses Thema bearbeiten. Details wusste ich in diesem Moment natürlich nicht, aber mir war ganz klar: Das gehört unabdingbar zu meinem Veränderungsprozess. Umso erstaunter war ich, als die besagte Kommilitonin nach dem Ende der Veranstaltung zu mir sagte: „Siehst du, die kann das auch nicht besser als ich, man muss nicht alles können."

Ich kann das nicht – und Punkt. Ich finde das falsch, denn wenn etwas grundsätzlich zu den Fähigkeiten im Berufsbild gehört, kann man das nicht so negieren. Das Ziel muss immer lauten, fehlende Kompetenz und mangelnde Fähigkeiten beheben und auf mein bestmögliches Niveau bringen.

Verändern, aber richtig

Die Faktoren, um Veränderungsprozesse positiv zu gestalten, bestehen aus zwei Elementen:

1. die unvermeidlichen
2. die optionalen

Ohne die konsequente und totale Annahme und Bearbeitung der **unvermeidlichen Faktoren** (wie im Kapitel zuvor beschrieben), werden Sie im Laufe des Prozesses irgendwann schlicht scheitern. Dieser Bereich macht ca. 90 Prozent Ihres Entwicklungs- und Veränderungsprozesses aus.

Bei den restlichen zehn Prozent handelt es sich um die **optionalen Faktoren.** Wenn Sie sich dieser Themen nicht konsequent annehmen und sie bearbeiten, hat dies in der Regel keinen negativen Einfluss auf das Erreichen Ihres primären Veränderungszieles. Dazu gehören etwa der Erwerb neuer Schlüsselqualifikationen, das Ausüben eines neuen Berufs oder ein Gewichtsverlust.

Das Annehmen der optionalen Faktoren bedeutet, den persönlichen Veränderungsprozess in seiner individuellen Gesamtheit anzunehmen. Was hat die oben erwähnte Kommilitonin falsch gemacht? Sie hat zunächst die vier Themen, an denen Menschen in Veränderungsprozessen scheitern, anscheinend positiv bearbeitet. Sonst hätte sie nicht erfolgreich das Abitur auf dem zweiten Bildungsweg erworben und würde jetzt hier studieren. Aber irgendetwas hinderte sie daran, ALLE relevanten Themen zu verändern.

Selbstreflexion anhand eines kurzen Fragenkatalogs:
1. Kann ich nicht?
   Oder will ich nicht?
2. Warum will ich nicht?

Die Frage, die Sie sich in diesem Kontext stellen sollten, lautet: Kann ich wirklich nicht oder will ich nicht? Die Erörterung dieser Fragestellung erfordert mal wieder eine der zentralen Veränderungskompetenzen, die ehrliche Selbstreflexion. Welche Fähigkeiten und Kompetenzen gibt es, die wir wirklich nicht auf einem bestimmten Niveau erreichen können? In der Regel sind das kaum welche. Noch spannender ist aber die Frage: Warum will ich nicht?

Sie befinden sich in einem Entwicklungsprozess. Der Merksatz dazu lautet: Alle müssen einen individuellen Preis zahlen, um den Veränderungsprozess in seiner Gesamtheit anzunehmen. Das mag nicht immer schön oder einfach sein, ist aber alternativlos. Oft wird die mangelnde Bereitschaft, den individuellen Preis zu bezahlen, auf die sogenannten Rahmenbedingungen geschoben. Motto: Ich würde ja, aber dies ist nicht der richtige Zeitpunkt, sonst würde ich natürlich die Themen angehen. Aber für die Rahmenbedingungen kann ich nichts.

Natürlich ist dies nur eine Ausrede, um nicht die volle Verantwortung zu übernehmen. Es funktioniert genau andersherum: Sie handeln und verändern damit nach und nach die Rahmenbedingungen und nicht umgekehrt. Wenn ich damals in meinem Bett krank liegen geblieben wäre und gewartet hätte, bis ich körperlich in der Lage sein würde, um mich auf den zweiten Bildungsweg zu machen, dann läge ich wahrscheinlich immer noch im Bett.

Mir war klar, dass ich das öffentliche Sprechen und Präsentieren nicht in der normalen Seminarstruktur fachlich vertiefen kann. Und so moderierte ich letztlich drei hochschulöffentliche Veranstaltungen mit Landespolitikerinnen und -politikern sowie einer Fachexpertenschaft. Als ich das erste Mal vor der vollen Aula stand und auf dem Podium als Gäste Politikerinnen und Politiker aus dem Landtag saßen, da schlug mein Herz bis zum Hals. Natürlich habe ich mich gefragt: Warum tust du dir das freiwillig an? Die Antwort: Weil ich die Erwartungen, die ich an mich hatte, erfüllen wollte. Das war ich mir schuldig. Schließlich wollte ich meinen persönlichen Prozess nicht zu 90, sondern zu 100 Prozent bearbeiten.

Ich hätte das Studium genauso absolviert, wenn ich dieses Thema nicht angegangen wäre. Zu jedem Veränderungsprozess gehört eben auch, dass man seinen individuellen Preis zahlen muss. Und dabei geht es natürlich nicht nur darum, in allen relevanten Bereichen top zu sein, sondern in allen Bereichen seine persönlichen Grenzen und bestmögliche Leistung zu erreichen. Insofern ist jeder Veränderungsprozess eine Grenzerfahrung.

Das Dilemma mit der Hausarbeit

Das erste Semester hatte ich also absolviert, und trotzdem ging ich in die Semesterferien alles andere als entspannt. Die nächste Prüfungsleistung war unumgänglich eine Hausarbeit. Um den Druck auf gar keinen Fall mit in die Vorlesungszeit zu nehmen, hatte ich den Abgabetermin der Arbeit bewusst noch vor Beginn des zweiten Semesters angemeldet.

Zunächst gab ich mir selbst die Feiertage von Weihnachten bis Silvester frei und wollte mich entspannen. Doch im Kopf war ich bereits gefangen von dem Gedanken, die Hausarbeit schreiben zu müssen – und das in einem definierten Zeitrahmen. Alles drehte sich um den einen Gedanken, und ich drehte mich blockiert im Kreis meiner Ängste. Die Folter der eigenen Gedanken hatte irgendwann auch Auswirkungen auf mein vegetatives Nervensystem.

Mein Sonnengeflecht (zwei Nervenknoten, die sich im Bereich zwischen Brustbein und Bauchnabel befinden) verkrampfte täglich ein Stück mehr. Um eins klarzustellen: Das Lähmende und Blockierende waren meine Gedanken ans Schreiben, nicht das Schreiben an sich. Natürlich war es nicht meine Lieblingsbeschäftigung. Die Umsetzung forderte mich täglich, aber es ging. Ich hatte die Möglichkeit, jemanden Korrektur lesen zu lassen. Wie aber soll man dieses Gefühl jemand anderen erklären? Morgens im Winter sind draußen Minusgrade, es ist stockdunkel. Zu Hause dagegen ist es warm und wohlig. Alles sträubt sich dagegen, jetzt hinaus in die Kälte müssen. Kennen Sie diesen inneren Widerstand?

15 Seiten, das war der formal geforderte Umfang der Arbeit. Also durchaus zu schaffen. Wie das alles später bei einer sehr viel längeren Bachelorarbeit werden würde, daran wollte ich jetzt lieber nicht denken. Nachdem ich alle relevanten Fachbücher inhaltlich gesichtet hatte, notierte ich auf Zeichenblockblättern, was ich zu den verschiedenen Punkten schreiben wollte. Nach einer Woche war der Fußboden des 50 Quadratmeter großen Wohnzimmers komplett mit Blättern bedeckt. Jetzt verschob ich die Positionen der Blätter, um sie inhaltlich den Punkten meiner Gliederung zuzuordnen. Vergleichbar war das mit einem „Zauberwürfel", wo am Ende alle Seiten die jeweiligen Farben haben müssen. Im nächsten Schritt fasste ich alle Inhalte auf neuen Zeichenblockblättern zusammen, sodass irgendwann nur noch ein Drittel des Fußbodens bedeckt war. Jetzt begann ich, am Computer die Texte einzugeben.

Als ich dann – vorsichtshalber mit meinen „Glück-Chucks" an den Füßen – die fertige Arbeit im Prüfungsamt abgab, war ich erleichtert. Ich hatte es geschafft. Vor allem aber wich nach den Wochen der Druck von mir. Es war wieder einmal ganz deutlich, dass es bei mir nie primär um Inhalte, sondern um mein Lebensthema geht. Aber jetzt hatte ich wieder Luft, um weiter zu gehen.

Das zweite Semester stellte sich allerdings als Grenzerfahrung heraus, da mir die Luft zum Atmen direkt wieder geraubt wurde. Gesundheitliche Probleme nahmen mich und mein Leben in den Würgegriff und führten mich an meine Grenzen. Das teuflische Duo Atemwegsinfekte/Asthma forderte die Konzentration meiner gesamten Kräfte und degradierte das Studium zu einer

Randnotiz. Ich spürte ganz deutlich, dass ich diesen Kraftakt nicht noch ein weiteres Semester bewältigen konnte.

Jetzt doch plötzlich „game over"?

Notentechnisch lief alles, wie es sollte. Es gibt eine 1,0 und eine 1,3 zu verbuchen. Aber die Prüfungssituationen sind prekär. Am Tag einer Gruppenpräsentation stehe ich mit 39,5 Grad Körpertemperatur und Schnappatmung vor dem Kurs und kämpfe. Es geht mir nicht nur ums Bestehen, sondern um meine bestmögliche Leistung.

Ich bin schlicht nicht bereit zu akzeptieren, dass mein Körper mit Fieber und Infekt verhindern will, meine Bestleistung abzuliefern. Aber was bringen mir die Noten, wenn mein Körper kapituliert? Wie soll das alles bloß werden, etwa eine mündliche Bachelorverteidigung auf dem Sterbebett? Ich fühle mich weniger wie ein Student, eher wie ein Dompteur, der die verschiedenen Extreme in seinem Leben bändigen muss: Legasthenie, Veränderung und Krankheit wechseln sich stets als dominierendes Lebensthema ab.

An den wahnsinnigen Druck, der die vergangenen drei Jahre mein Leben prägte, hatte ich mich irgendwie gewöhnt. Denn es gab ja Stück für Stück positive Entwicklungen, aus denen ich immer wieder neue Kräfte generieren konnte. Jetzt drohte kein Stillstand, sondern sogar der totale Rückschritt. Die Krankheiten waren dabei, mich direkt in das Bett zurück zu schicken, aus dem ich „auferstanden" war. Ich stand kurz vor dem „game over".

Pure Verzweiflung – ich konnte keinen Ausweg aus meiner Situation mehr erkennen. Woraus sollte ich Hoffnung schöpfen?

Der Heilpraktiker hatte beim Problem Magen geholfen, beim Thema Astma/Atemwegsinfekt leider nicht. Also verabreichte ich mir ein Antibiotikum nach dem anderen und wurde trotzdem nicht gesund. Leider verursachten die Antibiotika zusätzlich Magenprobleme. Kein Ausweg aus dem Teufelskreis der Dauer-infektionen war in Sicht. Ich hätte schreien können vor Hilflosig-keit, als hätte ich mich nie auf den Weg gemacht, als hätte es die Nacht im Jahr 2008 nie gegeben. Kann man gleichzeitig heulen und kotzen und schreien?

Es kann doch nicht wahr seinen, dass ich es hierher geschafft habe und jetzt aus gesundheitlichen Gründen aufgeben muss! Physisch verbringe ich zwar die letzten Wochen auf dem Campus, aber mental fühlt es sich nach Abschied an. Das wird mir täglich bewusster. Mein Gedankenkarussell rotiert. Nur ein Wunder kann mir helfen.

Mein Wunder hieß Sandra

Irgendwie wirkt alles auf mich surreal, ein Albtraum, aus dem ich aufwachen will, es aber nicht kann. Und so stehe ich am letzten Tag der Vorlesungen vor einem Seminarraum und frage mich, ob ich wohl noch einmal wiederkommen werde. Genau in diesem Moment kommt das Wunder ohne Ankündigung direkt auf mich zu. Mein Wunder heißt Sandra und ist eine junge Kommilitonin aus meinem Semester.

Sie sagt, sie habe dieses Semester bemerkt, dass ich ständig mit Infekten krank in den Vorlesungen war. Sie hatte früher auch genau solche Probleme. Aber heute hat sie keine mehr. Sie drückt mir eine Visitenkarte ihrer Heilpraktikerin in die Hand und sagt:

„Geh mal hin!" Das Comeback der Hoffnung, kurz vor dem „game over"? Mehr brauchte ich aktuell gar nicht als einen Hoffnungsschimmer, um wieder Kräfte zu mobilisieren. Während die anderen die Semesterferien genossen oder Hausarbeiten verfassten, zog ich in den Endkampf gegen mein Immunsystem.

Wieso nimmt das Leben mir den Atem?

Zwei Jahre zuvor hatte ich ein Beratungsgespräch in einem anderen Kontext mit einer Psychologin. Sie sagte zu mir, obwohl es thematisch nicht um das Thema Gesundheit ging: „Was denken Sie, warum haben Sie ständig Atemwegsinfekte?" Nach kurzer Stille zuckte ich mit den Schultern. Daraufhin antwortete sie: „Weil Ihnen Ihr Leben das Atmen nimmt."

Ich tat das ab. Das war keine Perspektive, die ich zu diesem Zeitpunkt einnehmen konnte, weil sie sich mir schlicht nicht erschloss. Warum ich es aber jetzt plötzlich verstand, konnte ich mir nicht erklären. Aber jetzt sorgte ein Satz im Erstgespräch bei der Heilpraktikerin, die mir meine Kommilitonin empfohlen hatte, für eine veränderte Wahrnehmung beim Umgang mit Erkrankungen. Der Satz lautet: „Alles, was ich für Sie tun kann, sind letztlich Krücken, um die akute Situation zu lindern und Sie grundsätzlich zu stabilisieren. Aber um Ihre Situation nachhaltig zu verändern, müssen Sie die Thematiken, die dazu führen, dass Ihr Leben Ihnen das Atmen nimmt, erkennen und bearbeiten."

Da habe ich zum ersten Mal nachhaltig verstanden, dass es sich bei Medikamenten/Mitteln um „Krücken" handelt, egal, ob sie schulmedizinischer oder homöopathischer Art sind. Es sind nur „Krücken" und nicht die Lösungen zur Überwindung der

Probleme. Die vielen Gaben von Antibiotika hatten die Luftnot und den Infekt gelindert, aber nicht die Ursachen der Entstehung bekämpft. Es gab also eine identische Einordnung und Kommentierung durch die Psychologin und durch die Heilpraktikerin. Zwei Jahre lagen zwischen den identischen Einschätzungen. Dass ich es jetzt verstand, lag sicher an den Veränderungsprozessen in den vergangenen 24 Monaten. Was ich nicht verstand: Ich hatte so viele Themen in Angriff genommen, warum nahm das Leben mir immer noch den Atem? All die Reflexion, der Mut, der Veränderungswille, die Auseinandersetzung mit meiner Legasthenie und die unglaubliche Kraft, die ich investierte – warum reichte das nicht aus?

Das war mehr als nur niederschmetternd, aber mir ist in diesem Moment in aller Klarheit bewusst geworden, dass meine primäre Aufgabe darin bestand, sich mit der aufgeworfenen Fragestellung zu beschäftigen. Letztlich bedurfte es jetzt nicht mehr viel, um die Antwort zu identifizieren. Es gab kein Selbstverständnis, aus dem heraus ich mein Leben gestalten konnte. Die Legasthenie hielt mich unter Verschluss und nahm mir schon in der Grundschule die Chance, mein individuelles Selbstverständnis zu entwickeln. Sie erstickte immer wieder jede Hoffnung, ich sein zu können. Ich fühlte mich komplett unsichtbar, ohne jede Chance, mich zu manifestieren. Der Umstand, dass meine Zukunft nie mir gehörte, nahm mir die Luft zu atmen.

Durch den „Krücken-Leitfaden", den ich an die Hand bekam, lernte ich Stück für Stück, die Akutsituationen zu händeln. Langsam gewann ich die Kontrolle über diesen Bereich zurück. Die zentrale Ursache war mir also klar geworden. Und mit jeder

Prüfung gewann ich ein Stück mehr die Hoheit über meine Zukunft zurück. Folge: Ich hatte nie wieder asthmatische Probleme. Seit Ende 2011 brauchte ich nie wieder ein Asthmaspray. Infekte habe ich genauso wie andere nur noch hin und wieder. Gleiches gilt für die Einnahme von Antibiotika. Ich hatte meinen gesundheitlichen Return-Point erreicht. Jetzt konnte ich mich endlich wieder auf das Studium konzentrieren. Das war auch dringend nötig. Schließlich wollte ich es in der Regelstudienzeit abschließen.

Meine drei Stressfaktoren sind wieder da

Im dritten Semester stand für alle eine Klausur im Modul Recht an. Ich legte den Fokus in diesem Semester komplett auf diese Prüfung. Ich wollte unter allen Umständen verhindern, beim ersten Mal durchzufallen. Ich legte keine weiteren Prüfungen ab und ließ meine Präsenz in anderen Lehrveranstaltungen etwas schleifen. Eine Unmenge an Lernzetteln schmückte unsere Wohnung, so dass die weihnachtliche Dekoration nicht wie sonst zur Geltung kam. Eine handschriftliche Klausur von drei Stunden ist eine große Bedrohung für mich, ein multiplizierter Stressfaktor. Natürlich stehen alle unter Stress, doch mein Stressfaktor lautet drei, denn es geht um Inhalt, Legasthenie und Grafomotorik. Ich hatte große Angst, dass die drei Stunden nicht genug für mich sein könnten, um die Klausur komplett zu bearbeiten.

Die eine Hälfte meines Gehirns beschäftigte sich mit dem Lernen, die andere mit der Angst, wegen meiner Hand und der Lese-Rechtschreib-Schwäche (LRS) zeitlich in Not zu kommen. Wie sollte ich mein Wissen überhaupt anbringen? Die letzten Tage vor der Klausur befasste ich mich gedanklich ausschließlich damit, wie ich emotional damit umgehen soll, wenn ich aufgrund meiner individuellen „Merkmale" in dem Setting nicht alles abrufen kann.

Um es noch einmal ganz deutlich zu sagen, es handelte sich nicht um die Fixierung auf eine bestimmte Note, sondern es ging darum, dass ich alles, was ich kann, auch abrufen möchte. Die Inhalte beherrschte ich im Schlaf, weil ich immer wieder alles durchgearbeitet hatte. Dass ich alle Inhalte so lange wiederhole, bis ich körperlich und mental erschöpft bin, ist für mich alternativlos, um zumindest einen Faktor unter Kontrolle zu haben. Denn wie schnell meine Hand am Tag der Prüfung blockiert und wie in Kombination mit der LRS das Schreibtempo insgesamt ausfällt, darauf habe ich keinen Einfluss.

Grundsätzlich ist es wichtig, den Fokus auf die Dinge zu richten, die ich selbst beeinflussen kann. Und so ist mein Setting komplett durchgeplant, auch die Strategie für die Klausur. Die Bearbeitung der drei Rechtsgebiete hatte ich bewertet und ihnen individuelle persönliche Zeit-Kontingente zugeteilt. Zudem erstellte ich alternative Handlungsmodelle für eventuelle inhaltliche Schwierigkeiten. Ich hatte nicht nur alle Gesetzestexte gekauft, sondern sie voll mit Merkzetteln geklebt, damit ich keine Zeit beim Suchen von Gesetzen verlöre. So hatte ich diesmal neben einer Reiseapotheke und diversen Lebensmitteln auch noch eine Mini-Bücherei dabei. Als ich am Prüfungsmorgen 30 Minuten vor Beginn am Seminarraum ankam, diskutierte eine große Gruppe schon darüber, was wohl die beste zeitliche Taktik für die drei verschiedenen Rechtsgebiete sei. Offenbar hatte sich niemand darüber vorher Gedanken gemacht.

Während der Bearbeitung schaute ich fast gar nicht in die Gesetze. Ich hatte ja in meinem Kopf alles Relevante abrufbar. Diese Zeitersparnis war dringend nötig. Ich überflog die Aufgabenstellungen nur und hastete von Antwort zu Antwort. Von der ersten Sekunde der Bearbeitungszeit an war ich von innerlicher Hektik getrieben. Los, schneller denken, schneller schreiben, schneller, schneller! Ständig warf ich einen Blick auf meinen Wecker, den ich direkt vor mir platziert hatte. Es war ein Gefühl, als ob ich die Klausur im Dauerlauf schreiben müsste. Aber auch die anderen um mich herum hatten Probleme mit der zeitlichen Gestaltung, was einige auch deutlich sagten. So wurde mir bewusst, dass in jedem individuellen Nachteil auch positives Potenzial schlummert. Ich war gezwungen, mir eine detaillierte Strategie zu überlegen. Letztlich „stolperte" ich rechtzeitig über die Ziellinie und gab die komplett bearbeitete Klausur ab.

Das Schreiben unter Druck in einem rauschähnlichen Zustand führt dazu, dass ich mich, wenn der Adrenalinspiegel sich wieder normalisiert hat, nicht gut erinnern kann, was genau ich geschrieben habe. Und so grübelte ich bis zur Bekanntgabe der Noten im Frühjahr, ob es gereicht hatte: gereicht zu bestehen und gereicht, meinen eigenen Ansprüchen zu genügen. Mein persönliches Ziel war eine eins vor dem Komma. Als bei Qispos (Hochschul-Informations-System) die Note 1,3 „eingestellt" wurde, gab es neben der Freude über die Note vor allem das befriedigende Gefühl: Ich kann mir und meinen Strategien vertrauen. Vertrauen in die eigenen Stärken, in die eigene Leistungsfähigkeit, das ist prima. Vor 3,5 Jahren hatte ich davon null. Der Bachelorabschluss schien in einer anderen Galaxie zu liegen. Und jetzt zur Halbzeit im Studium definierte ich ganz selbstverständlich das Ziel, den

Bachelor mit einen Durchschnitt von 1,3 oder 1,5 zu erlangen. Extrem, wie sich Mentalität und Selbstverständnis in so kurzer Zeit komplett verändern und wandeln können.

Mehr Motivation – neues Selbstverständnis

Viele meinen, Ziele seien nur zu erreichen, wenn man sich zu 100 Prozent motiviert auf den Weg macht. Dem widerspreche ich. Klar, je größer die eigene Motivation ist, desto einfacher ist ein Ziel zu erreichen. Doch entscheidend ist etwas anderes: Je größer das Selbstverständnis und das Selbstvertrauen sind, desto motivierter verfolgt man das Ziel.

Auch wenn das Thema Legasthenie mich erst einmal nicht mehr bei Prüfungen beschäftigte, im Grundsatz war es trotzdem in jedem Semester präsent. Eine meiner Ur-Ängste ist es, schreiben zu müssen. Und so begleitete mich eine gewisse Grundanspannung jeden Tag in jede Vorlesung. Gerade zum Start in das Semester kam es in den Vorlesungen häufiger vor, dass zu Beginn der Veranstaltung jeder Teilnehmer als Input zum Beispiel auf Karten Inhalte notieren musste, die dann angepinnt und vorgelesen wurden. Mein absoluter Horror! Innerhalb einer Zehntelsekunde wird bei mir dann aus leichter Anspannung die totale Panikattacke. Nach einer kurzen Schockstarre prüfe ich die Fluchtoptionen, ein spontaner 20-minütiger Aufenthalt auf der Toilette geht immer, ist aber direkt zu Beginn des Seminars auch peinlich. In diesen inneren Drucksituationen ist es mir nicht möglich zu denken. Alles in mir und mein Gehirn verkrampfen sich. Ich fasse keinen produktiven Gedanken mehr – mentale Lähmung. Am liebsten würde ich mich einfach tot stellen, bis die Situation vorbei ist.

Innerlich stets auf der Hut zu sein, das Gefühl, grundsätzlich angreifbar zu sein, sich verstecken zu müssen – das zehrt an den Kräften. Und deshalb versuchte ich im Laufe des Studiums mehr Sicherheit und Kontrolle zu gewinnen, indem ich Vorlesungen vor allem bei Lehrenden belege, die mich bereits kannten und teilweise auch von meiner Legasthenie wussten. Auf jeden Fall konnten sie genau einschätzen, was ich zu leisten imstande war.

Gegen Ende des Studiums wurde ich auf einen Zeitungsartkiel aufmerksam, der Probleme von Menschen mit LRS im Studium thematisierte. Die Universität Würzburg wurde als legasthenie-freundliche Hochschule ausgezeichnet. Über diesen Artikel tauschte ich mich mit einer Lehrenden aus, der ich vertraue. Sie rät mir, mich an das zuständige Referat der Studierendenvertre-tung ASTA in Hannover zu wenden und mich dafür einzusetzen, in Hannover die Thematik nach vorne zu bringen. Über diesen Ratschlag grübelte ich die nächsten Wochen nach. Es ist natürlich sinnvoll, sich für das Thema einzusetzen, doch woher sollte ich die Kraft dafür nehmen? Nach langer Erörterung entschied ich mich schweren Herzens, es zu lassen – aus Mangel an eigenen Ressourcen. Heute weiß ich, dass es ein Fehler war. Immerhin: Dass ich damals diesen Weg nicht gegangen bin, führte unter anderem dazu, jetzt dieses Buch zu schreiben.

Jetzt noch diese eine Prüfung – es reicht!

Eine letzte Modulprüfung stand noch zwischen mir und der Anmeldung zur Bachelorprüfung. Obwohl ich natürlich eine mündliche Prüfung wählte, spürte ich keine Energie in mir. Das verunsicherte mich. Deshalb versuchte ich, Faktoren zu schaffen, die mich motivieren sollten. Ein strengerer Zweitprüfer gehörte genauso dazu wie ein Thema, mit dem ich mich noch nie beschäftigt hatte. Perfekt wie immer notierte ich detailliert, was ich genau lernen musste. Alle wichtigen Bücher lagen direkt daneben auf dem Schreibtisch, zum Lesen bereit. Statt am Schreibtisch zu sitzen, hockte ich vor der Xbox und zockte Pro Evolution Soccer 2013. In jeder freien Sekunde. Manchmal legte ich beim Zocken den Lernzettel neben mich, schaute aber nicht darauf. Ich will nicht mehr. Lange habe ich gezeigt, dass ich das alles draufhabe. Mein Notendurchschnitt liegt seit vier Semestern konstant bei 1,2. Ich will nicht noch eine Prüfung, ich will die Bachelorprüfung und alles zu Ende bringen. Egal ob Realschulkurs, Immaturenkurs, Studium – bis hierher war ich vor einer Prüfung immer total aufgeregt und fokussiert. Ich habe mich gedanklich verrückt gemacht und hatte eine gewisse Form der Anspannung in mir, aber plötzlich war das alles nicht mehr präsent. Das einzige Gefühl in mir ist: Ich will hier weg.

Ohne Anspannung gehe ich in die Prüfung, und so läuft diese dann auch. Die Bewertung lautet: Die Performance hat uns etwas sprachlos zurückgelassen, die Inhalte waren gut. Das hätte hier heute locker eine 1,3 vom Wissen her sein können, aber die Darbietung war keine eins. Letztlich bestehe ich die Prüfung mit einer 1,8 (Randbemerkung: meine schlechteste Note im Studium). Jetzt nach der Prüfung ist mir emotional noch klarer als vorher – es wird Zeit, dass dieser Weg zu Ende geht.

Immer wieder: unausweichlich wie ein Unfall

Die Bachelorarbeit stellte mit den von meiner Erstprüferin geforderten 60 bis 70 Seiten eine große mentale Bedrohung da. Letztlich schrieb ich sogar mehr als 100 Seiten, aber der Weg dahin war ein sich täglich potenzierender Kampf mit mir.

Stellen Sie sich vor, Sie würden genau wissen, dass Sie jedes Mal, wirklich jedes Mal, wenn Sie Auto fahren, in einen Auffahrunfall verwickelt werden. Alle Wege, die Sie ohne das Fahrzeug bewältigen können, erledigen Sie dann vermutlich per Fahrrad, Bus, Bahn, Taxi oder zu Fuß. Aber immer wieder gibt es Wege, für die Sie ein Auto benötigen. Wenn Sie zum Auto gehen, werden Sie unruhig und die Beine schwer. Ihr Gehirn durchlebt bereits vorab die Emotionen, die Sie gleich wieder durchleben werden. Das Innere widerstrebt, sich ins Auto zu setzen. Die Verzweiflung vor dem Aufprall und der unendlich lang scheinende Moment des Unfalls sind greifbar. So fühlte ich mich an jedem Morgen des mehrwöchigen Bearbeitungszeitraums der Arbeit. Gleich musste wieder der Aufprall kommen. Was versucht man in Situationen, die man nicht verhindern kann? Sie herauszögern, die Küche aufräumen, die Wäsche machen, einkaufen – also Beschäftigungen nachgehen, die sonst eher nicht zu den Favoriten gehören.

Waberndes Wissen wartet auf Aufprall

Gerne genommen ist auch der Anruf einer Kommilitonin, die inhaltliche Fragen zu ihrer Bachelorarbeit hat. Gerne nehme ich mir eine Stunde Zeit, erkläre ihr, was aus meiner Sicht sinnvoll erscheint, spare nicht an Literaturtipps und zitiere aus dem Kopf ein paar relevante Quellen. Hätte ich meine Bachelorarbeit als Podcast produzieren können, wäre ich wahrscheinlich nach drei Tagen fertig gewesen. Aber so wabert mein gesamtes Wissen in Schleife durch meinen Kopf und wartet auf weitere Verwendung beziehungsweise auf den nächsten Aufprall. Alles soll vom emotionalen Abgrund ablenken. Blockiert und eingesperrt im eigenen Körper, bereite ich mir eine Art mentales Mobbing und produziere einen quälenden unbarmherzigen Druck. Nachts kann ich nicht einschlafen, besonders wenn ich am Tag nichts zu Papier gebracht habe. Dann nehme ich mir vor: Ab morgen wird strukturiert geschrieben. Am nächsten Morgen nach dem Aufschlagen der Augen verfalle ich direkt in Schockstarre, denn sofort habe ich nur einen Gedanken: Du musst heute schreiben.

5 Jahre Dauerdruck
5 Jahre Anspannung
5 Jahre jeden Stein umgedreht
5 Jahre Stärken vs. Schwächen
5 Jahre Fokus, Fokus, Fokus
5 Jahre Disziplin
5 Jahre totaler Wille
5 Jahre Emotion am Limit

Ich wollte nur noch eins – Erlösung. Die Sehnsucht, alles loslassen zu können, weil alles getan und vorbei ist, dominierte die jüngsten Wochen. Andererseits war es fast surreal, dass jetzt bald wirklich alles vorbei sein sollte – nach 33 Klausuren, acht mündlichen Prüfungen, acht schriftlichen Abschlussprüfungen, fünf Präsentationen, vier Hausarbeiten und einer Bachelorarbeit. Nur noch eine Prüfung, nur noch eine Lernphase, nur noch einmal Fokus, nur noch einmal Anspannung. Obwohl ich in den Jahren 59 „Leistungsnachweise" erbrachte, ohne die letzte Prüfung wäre alles „wertlos".

Und wieder einmal wurde ein Lied veröffentlicht, das genau meiner Gefühlslage entsprach: Der vorletzte Song in meinem Gefühls-Soundtrack auf dem Weg in mein Leben. Alles, was ich investiert, durchlebt und geleistet habe, hat mein Leben am Ende doch nicht fundamental geändert. Diese dauerhafte Bedrohung meiner Zukunft, die schon zum Greifen nah ist und doch „am seidenen Faden" hängt, drückt dieses Lied für mich aus – verbunden mit der Gewissheit, dass dieser fragile Zustand für immer Geschichte sein wird, wenn ich nur erst am Ziel sein werde:

*Und jeder Atemzug hängt am seidenen Faden, nur so
lang, bis wir da sind.
Und jeder Atemzug folgt dem roten Faden, nur so
lang, bis wir da sind.*

*Was bleibt mir übrig, ich kann das nicht ignorieren.
Der Schein trügt nicht, ich darf nicht die Kontrolle
verlieren.
Irgendwas muss mich doch
aus dieser Leere führen.*

....

Auszug aus „Am seidenen Faden" / Interpret und Autor:
Tim Bendzko / 2013 / Columbia / Album „Am seidenen Faden"

Letzte Prüfung? Lieber drei Stunden eher hin!

Genauso habe ich mich gefühlt, jeder einzelne meiner Atemzüge hatte eine gewisse Schwere, und ich wusste genau, dass diese Schwere erst weicht, wenn ich mein Ziel erreicht habe.

Dass ich auch die letzte Prüfung erfolgreich hinter mich bringen würde, daran bestand weder objektiv noch subjektiv der Hauch eines Zweifels. Aber ich konnte keinen Tag, keine Sekunde mehr länger warten, ich brauchte die Ziellinie, jetzt! Ich wusste: Das einzige, was mich vor dem Überqueren dieser Ziellinie noch stoppen könnte, wäre höhere Gewalt. Ganz konkret ging diese Gefahr primär von der Zugfahrt aus. Wer regelmäßig mit der Bahn pendelt, ist einiges gewohnt: Fehler im Stellwerk, Personen im Gleis, Störungen im Betriebsablauf und andere Highlights der extremen Verspätung. Um auch diesen Faktor zu kontrollieren, machte ich mich bereits drei Stunden früher als nötig auf den Weg zur Hochschule. Auch ansonsten versuchte ich, alle Eventualitäten auszuschließen. Ich nahm keine Nahrung außer einer Scheibe trockenes Weißbrot zu mir. Warum? Damit keine Füllung aus einem Zahn fällt oder ich irgendetwas esse, was mir schwer im Magen liegt. Ich trank keinen Kaffee und nur einen kleinen Schluck Wasser, damit ich nicht ständig auf die Toilette musste. Ich verließ das Haus erst, als ich zum Zug ging, damit ich nicht in einen Unfall oder einen Banküberfall gerate.

Das war sicherlich etwas übertrieben, aber nur der bloße Gedanke, dass heute nicht alles vorbei sein würde, löste Panik aus. Dafür führte ich diesmal weder eine Reiseapotheke noch einen Mini-Supermarkt mit mir. Das einzige, was ich einpackte, waren eine Flasche meines Lieblingsweißweins, ein Kühlpad und ein Becher. Die Wartezeit auf dem Campus verging wie im Flug. Ich unterhielt mich mit anderen, die die Prüfung bereits hinter sich hatten und lauschte ihren Berichten. Obwohl ich das Ende so sehr herbeisehnte, setzte ich mich selbst total unter Druck. 1,0! Das war mein Anspruch für die mündliche Bachelorprüfung. Warum nicht locker angehen? Weil ich wusste, dass ich das draufhabe und weil mich in diesem Prüfungssetting weder Legasthenie noch grafomotorische Probleme in der Leistungs-Performance „behindern" konnten.

Meine Gedanken in den letzten Minuten der Wartezeit? Heute würde ich mein volles Leistungsvermögen abrufen können, und genau das wollte ich mit jeder Faser meines Körpers. Nicht mehr und nicht weniger! Eine Mixtur aus Lust, Druck und Erlösungswunsch.

Ich bin in meinem Element

Während ich meinen Blick ziellos über den Campus streifen lasse, laufen die vergangenen Jahren im Zeitraffer vor meinem inneren Auge ab. Im Jahr 2008 brauchte ich eine große Portion Utopie, um mir vorzustellen, an den heutigen Punkt zu kommen. Aus Utopie wurde Selbstverständnis. Dann öffnet sich die Tür. Meine Erstprüferin ruft mich auf. Ich genieße die Prüfungssituation ab der ersten Sekunde, es ist mein Terrain, man könnte mich auch nachts wecken und spontan eine mündliche Prüfung ansetzen. Leistungsdruck ist nur ein Parameter, der in diesem Setting in jedem Moment für mich auf einem bestimmten Niveau händelbar ist. Grundlage ist eine Form von Urvertrauen, weil ich weiß, es ist mein Element. Es ist meine Prüfung. Ich habe zu jeder Zeit das Gefühl, die Situation unter Kontrolle zu haben. Heute bin ich mit mir selbst zur Abwechslung uneingeschränkt zufrieden. Auf dem Flur befinden sich drei Räume, in denen heute parallel Prüfungen laufen. Als ich registriere, dass die Kommilitoninnen und Kommilitonen, die mit mir zeitgleich geprüft wurden, schon ihr Ergebnis erhalten und bereits den Bereich verlassen haben, werde ich nervös. Mist – war meine Darbietung doch so diskussionswürdig?

Spontan setze ich meine Erwartung runter und denke mir, eine 1,5 wäre auch okay. Hauptsache der Weg ist endlich vorbei. Als die Tür nach einer gefühlten Ewigkeit sich endlich öffnet, bin ich so angespannt wie am ersten Schultag vor fünf Jahren. Die Erstprüferin sagt: „Ich freue mich, dir doppelt gratulieren zu dürfen, zur bestandenen Prüfung und zur 1,0."

Was die beiden danach sagten, drang nicht mehr wirklich zu mir durch. Minuten später stand ich auf dem Campus bei den anderen und spülte alle Ängste und Zweifel der letzten fünf Jahre fort. Vom „nackt auf dem Tisch tanzen", so wie ich es mal formuliert hatte, war ich weit entfernt. Dazu hatte das alles für mich inzwischen zu wenig mit einem Wunder zu tun. Einfach mit mir glücklich zu sein, reichte mir heute vollkommen. Nachdem ich dann auf nüchternen Magen 0,75 Liter Wein getrunken hatte, schwankte ich vom Campus der untergehenden Sonne entgegen. Ich steckte mir meine Kopfhörer in die Ohren, hörte den letzten Song, der meinen Gefühlen auf meiner Reise so einen Endpunkt setzte: „Wake me up". Nach den gefühlt längsten 60 Monaten meines Lebens ist es tatsächlich geschafft, vorbei und hinter mir. Als sei ich nach 21 Jahren auf der Suche nach mir selbst endlich aufgewacht.

Feeling my way through the darkness
Guided by a beating heart
I can't tell where the journey will end
But I know where to start

They tell me I'm too young to understand
They say I'm caught up in a dream
Well life will pass me by
if I don't open up my eyes
Well that's fine by me

So wake me up when it's all over
When I'm wiser and I'm older
All this time I was finding myself
And I didn't know I was lost
...

Meine Ziellinie – dahinter wartet die Freiheit

Als ich beschwipst und unendlich müde aus dem Zug steige,
gehe ich nicht direkt nach Hause. Vorher muss ich zwingend und
dringend etwas erledigen. So stehe ich vor der weißen Line auf
Gleis 3, meiner Ziellinie.

Ich fokussiere sie ein letztes Mal, atme tief ein und überquere die
Line mit beiden Füßen. Was diese Schritte für mich bedeuten?
Das, was das Ende jeder Gefangenschaft bedeutet:

Freiheit

Danksagung

Ein unbekannter Weg bedarf nicht nur einer Person, die den Mut hat loszugehen, sondern auch ...

... eines Zuhauses, von dem aus man starten kann. Dass ich dieses stets hatte, dafür danke ich Kathrin, Niklas und Timm.

... Menschen, die man unterwegs trifft, die ein Stück des Weges mitgehen, die einen inspirieren, Orientierung oder ganz konkrete Hilfe bieten. Dafür gilt mein Dank

Michael Brunke
Prof.in Dr.in jur. Heike Dieball
Hans-Jürgen Dreßler
Uli (Ulrich) Hagel
Petra Hartleben-Baildon
Gerd zu Klampen
Prof. Dr. Joachim Romppel
Nadi und Sandra

Dankbarkeit ist auch die Fähigkeit,
das Erlebte richtig einzuordnen.

Maik Kantorek

Maik Kantorek im Interview
„In fünf Jahren
vom Hauptschulabschluss
zum Bachelor"

WAS BEDEUTEN VERÄNDERUNGEN?

WORAN SCHEITERN VIELE AUF IHREM WEG?

WAS LÄUFT FALSCH AN DEUTSCHLANDS SCHULEN?

UND WARUM IST ES WICHTIG, SELBST DIE EIGENEN
STÄRKEN ZU ENTDECKEN?

Du erzählst im sechsten Kapitel am Ende von Freiheit, als du die weiße Linie am Bahnsteig überschritten hast, nach deiner bestandenen Bachelorprüfung. Was fiel da von dir ab?

Maik: Unglaublich viel, nämlich der Druck, fünf Jahre lang täglich präsent zu sein. Meine zentralen Stärken, die solange versteckt waren und die ich jetzt endlich ans Tageslicht befördern konnte, die zeigen mir: Du kannst es schaffen, wenn du den Veränderungsprozess konsequent annimmst.

Veränderung ist ja ein großes Thema in diesem Buch. Beschreib doch noch einmal, was das für dich bedeutet, wie die fünf Jahre dich veränderten.

Maik: Gern. Meine Frau hat mal gesagt: Legasthenie ist dein größtes Talent und dein größter Hemmschuh zugleich. Du musst dich deinen Lebensthemen stellen, das ist die Botschaft, sonst machst du dich fertig. Wenn du in der Schule scheiterst, dann nicht, weil du zu blöd bist. Es geht nicht um mangelnde Intelligenz. Es geht darum, die Leistung punktgenau abrufen zu können. Das ist bei meinen Anlagen, wie bei vielen anderen Menschen auch, wahrlich eine ganz große Herausforderung.

Darum also dieses Buch – denn das wissen ja nicht so viele. Und es beschreibt ja nicht nur deinen Weg, sondern macht allen Mut. Wie lautet deine Botschaft?

Maik: Schau, auf meinem Weg in fünf Jahren vom Hauptschulabschluss zum Bachelor kam ich natürlich schnell zu der Frage: Woran scheitern Menschen in Veränderungsprozessen? Ein winziger Teil von vielleicht zwei Prozent hat nicht das geistige Rüstzeug, okay. Im Immaturenkurs waren wir 20 zu Beginn, zur Abschlussprüfung nur noch sieben. Vier haben nur bestanden. Und was ist mit den 16 anderen, die auf der Strecke geblieben sind? Die meisten davon hatten keine Lese-Rechtschreib-Schwäche (LRS) wie ich. Also woran scheitern die anderen 80 Prozent wirklich?

Spannend. Und woran scheitern sie? Du hast dich ja auch intensiv mit den anderen befasst.

Maik: In den Jahren „coachte" ich andere Menschen auf ihrem zweiten Bildungsweg ins Studium. Es waren ganz verschiedene Lebensläufe, aber die Muster glichen sich. Und so habe ich die Thematik, woran Menschen in Veränderungsprozessen scheitern, über Jahre analysiert und systematisiert. In den meisten Fällen ist das Scheitern vermeidbar. Es ist besonders vor dem Hintergrund traurig, dass es ja Menschen sind, die etwas verändern möchten und sich bereits auf den Weg gemacht haben und dann trotzdem scheitern. Deshalb habe ich die zentralen Themen der Menschen in Veränderungsprozessen herausgearbeitet. Ich skizziere Strategien, wie sich diese Fehler vermeiden lassen.

Viel scheint ja auch bei Kindern in Schulen falsch zu laufen, da fängt das Übel mit LRS doch schon an, oder?

Maik: Ganz genau. Aber nicht nur bei LRS oder Dyskalkulie, sondern bei allem, was nicht ins Schema passt. Es wird, wie bei mir als Kind auch, immer auf deine Defizite hingewiesen. Nein, du musst deine Stärken herausarbeiten, das, was dich positiv von den anderen unterscheidet. Dann steigt automatisch auch die Motivation. Mit LRS hast du auch Vorteile, du kannst besser auswendig lernen, du bist kreativer, hast andere Strukturen und meist noch diverse andere Talente. Stärken gehören in den Vordergrund. Das ist der Mindestanspruch an Schule für mich: Du brauchst mindestens eine Sache, von der du tief in dir weißt:

Das kann ich. Darauf kann ich mich verlassen. Die Schulnote ist dabei fast egal, es geht um dein Selbstverständnis.

Das leuchtet ein. Wenn du nur Defizite über dich hörst, wirst du irgendwann krank, chronisch krank.

Maik: Das ist es doch. Es geht auch um früh angelegte gesundheitliche Prävention. Jahrelang auf ein bestimmtes Defizit reduziert zu werden – das hinterlässt Spuren.

Was also lässt sich dagegen tun?

Maik: Wenn ich aktuell unabhängig von der Schulform erlebe, wie unser Schulsystem mit dem Thema Legasthenie und auch dem Thema Nachteilsausgleich umgeht, dann treibt mich das um. Jede Lehrerin, jeder Lehrer hat eine eigene Perspektive, was letztlich nichts anderes bedeutet als einen willkürlichen Umgang mit der Thematik. Es ist für mich fundamental wichtig, dass wir Legastheniker und Legasthenikerinnen die Deutungshoheit zurückgewinnen. Genau deshalb ist es mir wichtig, eine eigene und neue Definition einzuführen, statt immer von dieser unsäglichen Teilleistungsstörung zu hören. Wir müssen lernen, unsere eigenen Stärkenexperten zu werden. Also stellen wir die eigenen Stärken in den Fokus. Erfolgreich zu handeln, egal in welchem Lebenskontext, funktioniert langfristig nur, wenn du aus der eigenen Stärke heraus handeln kannst. Und ganz wichtig: Du kannst deine eigenen Stärken auch nur strategisch einsetzen, wenn du diese kennst.

Nenn doch kurz noch ein paar mögliche Stärken.

Maik: Schnell mit neuen Situationen umgehen können, offen auf andere zugehen. Das sind Fähigkeiten unabhängig vom Schulfach.

Knapp sieben Prozent der Jugendlichen verließen die Schule 2019 ohne Abschluss – und jährlich werden es sogar mehr statt weniger. Das ist doch für ein Bildungsland wie unseres niederschmetternd. In Berlin lag die Abbrecherquote sogar bei fast zwölf Prozent.

Maik: Genau mein Thema! Das ist wahrlich ein Armutszeugnis für den Bildungsstandort Deutschland. Vor diesem Hintergrund muss es zwingend doch nicht nur um Wissensvermittlung gehen, sondern darum, junge Menschen ihre individuellen Stärken entwickeln zu lassen. Sie müssen in ihrem Tun gestärkt werden. Dafür bedarf es anderer Strukturen, eines anderen Denkens und mehr personeller Ressourcen. An dieser Stelle kommt dann gerne als Totschlagargument – das liebe Geld. Völliger Unfug! Menschen, die wir ohne Schulabschluss ins Leben entlassen, werden in der großen Zahl keine Chance auf eine klassische Berufsbiografie haben. Das wird die Gesellschaft später in Form von Transferleistungen weitaus mehr kosten. Und das Gesundheitssystem wird ächzen. Ein dauerhaftes Defizitdenken macht krank! Somit ist ein Bildungssystem, das die individuellen Stärken in den Vordergrund stellt und nicht die Defizite, auch eine Art der Gesundheitsprävention.

Damit sind wir wieder am Anfang. Freiheit, Druck, Krankheit, ein fremdes Leben ...

Maik: Oh, das kenne ich alles. Themen, die langfristig nicht bearbeitet werden, machen krank. Du musst erkennen, was hat diese Krankheit mit mir zu tun, warum habe ich genau diese, warum kann ich nicht frei atmen, was fehlt mir. Das habe ich herausgefunden, aber das dauerte. Talente, die du nicht ausleben kannst, machen krank. Du musst loslassen können, zwei Tage mit Kopfhörer durch die Wohnung gehen und singen. Was du willst.

Schilder doch zum Abschluss noch kurz deine Stufen zum Glück, deinen Fahrplan zur Freiheit.

Maik: Schritt eins – ich bin krank. Schritt zwei – ich will gesund werden, wie geht das? Schritt drei – ich muss etwas in mir verändern und nicht nur Tabletten schlucken. Schritt vier – ich gehe auf den Bildungsweg, denn da habe ich ein Defizit, mit ausgelöst durch meine Legasthenie, aber nicht nur. Schritt fünf – Bildung und Gesundheit hängen für mich zusammen. Ich erlebe meine Legasthenie anders. Schritt sechs – die Ursachen für meine Krankheit habe ich erkannt, ich habe keinen Hauptschulabschluss, ich komme beruflich niemals dahin, das zu tun, was mir Spaß macht und was meinen wirklichen Fähigkeiten entspricht. Das wird jetzt. Ich komme voran. Zum Glück habe ich dabei eine tolle Frau und zwei Kinder, die mich unterstützen.

Glückwunsch. Dabei müssen wir doch noch das One-Fucking-Day-Prinzip erörtern.

Maik: Das ist meine Erfindung und beschreibt einen wichtigen Schritt. Am besten gleich einmal nachlesen auf Seite 57.

Allgemeine Veränderungs-bedingungen

1. Grundlagen

- Ich verdränge meine Themen und Probleme nicht, sondern bearbeite sie kontinuierlich.
- Ich vergleiche mich nicht mit anderen, sondern gehe konsequent meinen Weg.
- Ich werde die Schuld für Rückschläge nicht bei anderen suchen, nur ich bin für mich verantwortlich.
- Ich treffe meine eigenen Entscheidungen.
- Ich bin jederzeit in der Lage, mich zu verändern, wenn ich will.

2. Ziele

- Ich werde stets kleinteilig und detailliert alle relevanten Aspekte ehrlich und offen reflektieren.
- Ich werde mich gegenüber meinen Zielen professionalisieren.
- Ich werde meine Fähigkeiten, Talente und Stärken entdecken, ausbauen und entwickeln.
- Ich werde basierend darauf meine individuelle Strategie entwickeln und umsetzen.

3. Denkweise

- Ich werde die Vergangenheit hinter mir lassen und nach meinen neuen Glaubenssätzen handeln und leben.
- Ich werde mich nicht länger von anderen leben lassen.
- Ich bin mein eigener Stärken-Experte.
- Meine persönliche Evolution ist zukunftsoffen.

4. Rahmenbedingungen

- Ich warte nicht auf den fiktiven richtigen Zeitpunkt: Ich gehe jetzt los.

- Ich lasse mich von niemandem aufhalten, auch nicht von meinem Umfeld.

- Wichtig ist nicht, wo ich aktuell stehe, sondern nur, wo ich am Ende stehe.

- Wenn ich Unterstützung in einem Bereich benötige, suche ich mir rechtzeitig professionelle Hilfe.

Maik Kantorek, Sozialpädagoge, Jahrgang 1972, weiß heute, dass seine Legasthenie der Auslöser für viele Dinge in seiner Biografie war:

Schulschwänzer,
Schulabbrecher,
gebrochene Berufsbiografie.

Es ist ein Leben, das ihm nicht entsprochen hat und ihn krank machte – im wahrsten Sinne des Wortes. Obwohl er sich bis Mitte dreißig nicht einmal traute, einen Brief zu schreiben und glaubte, nur aus Defiziten zu bestehen, legt er jetzt dieses Buch zu dem Thema vor.